EMMANUEL LE HARDI

Alain Duhamel
de l'Institut

EMMANUEL LE HARDI

Préface inédite de l'auteur

Éditions de l'Observatoire

ISBN 978-2-7578-9139-1

Pour 𝄞

Préface

Combien de mandats présidentiels ont été aussi mouvementés, voire éruptifs, que celui d'Emmanuel Macron ? Le deuxième mandat du général de Gaulle, celui de Mai 68, assurément ; le premier mandat de François Mitterrand, celui de la « grande alternance », à coup sûr ; peut-être le quinquennat de Nicolas Sarkozy mais c'est tout : trois sur onze. La présidence d'Emmanuel Macron s'inscrit donc dans le cercle étroit des mandats de crise. Les circonstances y sont pour beaucoup avec les gilets jaunes et surtout avec le Covid. Il n'empêche : la personnalité de salpêtre du plus jeune président de la République jamais élu en France a pesé lourd durant ces cinq années. En publiant ce livre qui lui est consacré, je l'avais titré « Emmanuel le Hardi ». Tout compte fait, je ne m'en repens pas. L'audace est la première caractéristique d'Emmanuel Macron, celle qui le singularise le mieux, davantage que l'intelligence, la quasi-totalité de ses prédécesseurs en étant largement pourvus, ou davantage même que l'autorité, presque aussi largement partagée. La hardiesse, en revanche, est l'essence même de sa personnalité et pas seulement de sa personnalité politique. Elle ne va pas sans arrogance, sans imprudence, sans maladresse, sans précipitation. Elle frôle fréquemment la témérité mais elle lui permet la surprise, la rupture, la nouveauté, le mouvement. Ambition, jeunesse, volonté de marquer, d'innover, de s'imposer, de se différencier l'alimentent puissamment. Il faut une bonne dose d'orgueil et de combativité mais cela l'expose aussi aux dérapages, aux polémiques, par-dessus tout à une propension à creuser les clivages et à ne pas craindre les fractures si, croit-il, elles permettent d'avancer plus vite.

C'est ce qui a ouvert cette « élection par effraction » en 2017, contraire à tous les rites et à tous les canons. C'est ce qui l'a déterminé, à peine élu, à entreprendre une rupture économique et sociale énergique et prompte – droit du travail, fiscalité favorable aux entreprises et aux investisseurs, réforme de la SNCF, plus tard de l'assurance-chômage, tentative avortée des retraites –, une politique efficace mais qui l'a aussitôt enfermé dans ce personnage de « président des riches » qui lui aliène une bonne partie de la population et lui vaut même dans le pays le plus égalitariste du monde des haines indestructibles. C'est ce qui l'a incité aussi à une politique scolaire novatrice mais contestée et combattue d'entrée par les syndicats. C'est ce qui l'a poussé à lancer une politique européenne flamboyante, éloquente, fracassante même au grand dam de maints chefs de gouvernement de l'Union. Emmanuel Macron avance en divisant, innove en fracturant. Il court et il bouscule, il choque, il invente et il irrite.

C'est ce que l'on a constaté tout au long de sa confrontation avec les gilets jaunes qui l'ont surpris, inquiété, attaqué avec rage, parfois avec violence. Il n'avait pas vu venir le mouvement, il n'en a pas pris sur-le-champ la mesure ni discerné l'originalité. Son pouvoir a été contesté, ébranlé, défié. Il a vacillé et c'est alors qu'il a imaginé ce « grand débat » qui lui a fait sillonner la France, se saisir de la parole, chercher le débat sinon la confrontation, se dépenser durant des dizaines d'heures devant des auditoires médusés et perplexes, souvent séduits. Au départ sur la défensive, puis contre-attaquant d'une manière totalement insolite et ultra-personnalisée. Innovant, incarnant, transigeant en somme avec panache.

Cette manière d'assumer ses choix, de proclamer son pouvoir, de mettre en scène son autorité et de personnaliser au maximum les risques, on l'a observée plus encore avec la crise du Covid. Des débuts désastreux, une France honteusement dépourvue de masques, de tests et surtout de lits de réanimation, un personnel de santé héroïque mais épuisé, des Français anxieux et stupéfaits et puis Emmanuel Macron muant en chef de guerre sanitaire, omniprésent, hyperactif, revendiquant ses responsabilités, prenant ostensiblement ses risques, quitte à contredire les autorités médicales, refusant un troisième confinement, repoussant les couvre-feux, maintenant ouverts contre vents et marées le système scolaire et l'activité économique. Vraiment hardi, pour le coup.

Frôlant aussi le téméraire avec son célèbre « quoi qu'il en coûte », ce bûcher des principes, des règles, des tabous de l'économie libérale colbertienne dont il était jusqu'alors la version aboutie. Arrachant l'accord d'Angela Merkel pour piétiner les dogmes, lancer des programmes européens hétérodoxes et avides qui, multipliant les capacités d'emprunt de la France, accablant la dette nationale, déclenchent des investissements vertigineux. Au bout du compte, parvenant à maintenir dans l'ouragan l'économie à flot et à préserver les revenus des Français. Et, contre tous les pronostics, relançant la croissance et l'emploi avec, rareté ultime, plus de dynamisme que nos voisins. Hardi, il l'a vraiment été ces deux années-là.

Quel dommage qu'il ait aussi, durant ces cinq années, flirté si souvent avec la témérité, s'aliénant tant de sympathies avec ses célèbres formules à l'emporte-pièce, se créant tant d'adversaires farouches par des décisions impérieuses et précipitées, concentrant ostensiblement le pouvoir, donnant même plus d'une fois le sentiment de décider avec volupté contre l'avis général. Pourquoi surtout ces phrases méprisantes qui claquaient et blessaient ? Pourquoi cette brusquerie désinvolte avec les syndicats ? Pourquoi cette guérilla stérile et malsaine avec les élus locaux ? Pourquoi cette candeur et cette gaucherie avec un Sénat ombrageux et bien plus roué que lui ? Pourquoi des provocations inutiles comme cette « très envie d'emmerder les non-vaccinés » dont l'expression a naturellement jeté des litres d'huile sur le feu.

Il y a chez Emmanuel Macron un cousinage évident avec le giscardisme et des traces de gaullisme gaullien, un appétit, presque une fringale de cette « destruction créatrice » qui semble sortir tout droit de la « théorie de l'évolution économique » de Schumpeter. Il y a aussi, c'est l'une des thèses de ce livre, un parfum entêtant de bonapartisme. Non pas qu'il s'agisse en quoi que ce soit de rivaliser avec le plus grand homme (et le plus contesté) de l'Histoire de France. Mais parce que, comme le Premier consul en 1799, il possède un charisme juvénile, une audace particulière, la passion des réformes, un goût affiché de l'autorité, la volonté de personnifier sans partage le pouvoir, le plaisir aussi manifeste qu'imprudent de se mettre en scène, une grande indifférence aux cahots qu'il provoque, la conviction enfin de porter un projet. Stratégie de l'offensive, du défi, donc du péril.

Les Français se partagent entre ceux qui l'admirent, ceux qui le supportent et ceux qui le détestent. Classique ? Pas du tout. Comme Nicolas Sarkozy, Emmanuel Macron déclenche les passions fortes, les passions tristes et les passions contradictoires. Il a dû affronter une gauche historiquement affaiblie, une extrême droite historiquement renforcée, une droite durcie par les défaites qui rêve de revanche.

Le 15 janvier 2022

Avant-propos

Un président expérimental

On peut l'appeler Emmanuel le Hardi. Jadis, les monarques français étaient ainsi souvent affublés d'un surnom. Tantôt flatteurs, sinon toujours mérités : Philippe Auguste, Philippe le Bel, Louis le Lion, Charles le Sage ou bien sûr Henri IV le Vert galant, Louis XIV le Roi-Soleil, Louis XV le Bien-Aimé ; tantôt beaucoup moins agréables : Charles le Chauve, Louis le Bègue, Louis le Fainéant, Louis le Gros.

Depuis qu'avec la Ve République les présidents ont reconquis pouvoir et statut, parfois prestige et renommée, il est tentant de leur accoler à eux aussi un surnom. Le général de Gaulle n'aurait pas dédaigné de se voir honorer d'un Charles le Grand comme ce fut déjà le cas de Louis le Grand pour Louis XIV. Georges Pompidou se serait contenté d'un véridique Georges le Sage. François Mitterrand aurait pu porter l'appellation de François le Hutin, à l'image de Louis X le Hutin dont l'opiniâtreté est restée proverbiale. Pour Jacques Chirac, au physique si avantageux d'acteur américain des années 1950, un Jacques le Bel aurait été parfait. Nicolas Sarkozy aurait pu légitimement prétendre à un Nicolas le Batailleur comme il y a bien longtemps Louis VI. François Hollande, lui, aurait pu porter le surnom de François le Débonnaire, à l'instar de Louis Ier.

Quant à Emmanuel Macron, c'est Emmanuel le Hardi qui semble le plus approprié, comme pour Philippe III le Hardi au XIIIe siècle. On aurait pu envisager aussi bien un Emmanuel le Téméraire, tant son élection relevait d'une audace presque impudente, tant son mandat se déroule sous le signe du risque perpétuel et des tensions permanentes. Choisir comme axe d'action la « transformation » de la France, ce pays si fasciné par la nouveauté mais si allergique aux réformes et si rebelle aux changements, le proclamer, s'y atteler effectivement, sinon toujours habilement, cela frôle en effet la témérité. Mais qualifier le jeune président de « hardi » semble plus juste, puisque après tout la partie n'est pas encore jouée, l'échec n'est pas avéré, l'impasse n'est pas inévitable. Emmanuel Macron chevauche assurément la stratégie du risque extrême mais aussi longtemps qu'il n'a pas renoncé, qu'il se bat encore, il subsiste une part de chance. Audacieux, certes ; imprudent, assurément ; gaffeur plus qu'à son tour, provocateur, délibérément ou non, mais tant qu'il n'abdique pas, tant qu'il n'est pas acculé, tant qu'il ne capitule pas, hardi plus que téméraire, même si la frontière est parfois floue.

La ligne politique d'Emmanuel Macron et plus encore sa méthode ne sont en tout cas pas banales. Sa personnalité non plus. Le huitième président de la Ve République n'entre dans aucune des cases politiques ordinaires, ne relève d'aucune des classifications traditionnelles. Il ne sort pas de l'Histoire pour entrer en politique, comme le fit le général de Gaulle. Il ne sort pas de la politique pour entrer dans l'Histoire, comme s'y essayèrent François Mitterrand ou Valéry Giscard d'Estaing. Il n'a d'ailleurs aucun passé politique significatif. Il aurait été attiré un temps, dans sa jeunesse, par Jean-Pierre Chevènement puis comme tout le monde par Michel

Rocard, enfin par le pouvoir à travers la gauche réformiste de François Hollande qui l'a mis en selle et qu'il a en retour contribué à désarçonner, ce qui confirme bien sa vocation politique.

Mais c'est avant tout un prototype, un inclassable, une construction originale. Un inédit. Il n'a pas de modèle ni *a fortiori* d'équivalent. Il a avoué lui-même qu'il n'était pas socialiste, même s'il a fait ses premiers pas sous la houlette de François le Débonnaire et au sein du gouvernement de Manuel Valls le clémenciste. Alors, social-démocrate ? Sa politique économique est plutôt libérale à la française, c'est-à-dire mercantiliste et dirigiste. Colbertienne. Culturellement, c'est encore un libéral, mais au sens anglo-saxon cette fois, un homme de libertés et de tolérance. Mais de libertés et de tolérance contrariées par une pente institutionnelle et personnelle très dominatrice, avec ce que cela suppose d'autorité, de fermeté, voire d'autoritarisme. Et puis, on y reviendra largement, ne perçoit-on pas dans son personnage un fond très bonapartiste, avec ce que cela implique de charisme et d'hubris, de concentration du pouvoir et de vastes ambitions, de démocratie plébiscitaire mais aussi de personnalisation, de modernité, de fringale de la réforme, de goût pour la rupture et de technique d'une mise en scène théâtrale ? Idéologiquement, au total, un habit d'Arlequin ou un étrange camaïeu. Il s'est proclamé lui-même « disruptif ». Il l'est. Il est l'homme des ruptures et des décompositions, plus habile à défaire qu'à rebâtir.

Cela tient certes aux circonstances mais aussi à son propre caractère : hardiesse extrême, large vision, volonté d'enterrer le vieux monde et ambition de jouer un grand rôle dans le nouveau, tant à la tête de la société française qu'à l'échelle européenne et même, avec de modestes moyens, un goût proclamé de l'affirmation internationale. Il y faut une bonne dose d'orgueil, un fort appétit d'être et de faire, et de l'audace, encore de l'audace, toujours de l'audace. Il doit se vivre comme l'homme providentiel d'une nouvelle génération. Il a surfé durant toute sa campagne présidentielle sur une vague puissante et cruelle de dégagisme. C'est toute une génération qui a été balayée par sa victoire, de François Hollande à Alain Juppé, de Nicolas Sarkozy à François Fillon, Daniel Cohn-Bendit et Manuel Valls. Pas seulement les hommes mais aussi les vieux partis les mieux implantés, PS ou LR. Il a certes été l'instrument plus que la cause mais, avec lui, c'est la moitié de la classe politique qui a été renouvelée en une saison. Il a certes pu creuser d'autant plus son sillon que le rejet de la politique traditionnelle atteignait des sommets historiques, que les alternances successives laissaient un goût d'échec et d'enlisement : le deuxième septennat de François Mitterrand, les deux mandats de Jacques Chirac, les quinquennats de Nicolas Sarkozy et de François Hollande, tous avaient abandonné derrière eux un parfum délétère de déception, d'amertume et de ressentiment. En réalité, tout le décor politique était vermoulu, comme un trompe-l'œil en carton-pâte. Reste que c'est Emmanuel Macron qui l'a enfoncé, qui a osé l'enfoncer.

Il y fallait plus que de la hardiesse quand on n'a pas de passé politique, pas de parti à sa disposition, pas d'image personnelle constituée, pas de moyens matériels initiaux, et tout à démontrer sur un terrain électoral dangereusement vierge. C'est là qu'interviendrait cette étrange dimension personnelle, imprévisible, impossible à réduire à des règles, à des lois, à des principes établis. Une découverte subite, théâtrale, bien entendu facilitée par la passion française de la mode, par le profil atypique de ce jeune champion coiffé de confiance et armé de détermination. L'époque s'y prêtait aussi. Révolution numérique, tragédie écologique, guerre terroriste inexpiable, incertitudes économiques, lourde ascension des nationalismes, anxiété et insatisfaction générales. Partout, des pouvoirs étaient à prendre, partout, des assaillants, des conquérants, des dissidents, des chefs de guerre ont surgi : Trump, Poutine, Erdogan, Johnson, Bolsonaro, Salvini et bien d'autres. Emmanuel Macron n'est pas le seul à percer, à rompre et à balayer les situations acquises. Sa grande différence est qu'à l'opposé des vainqueurs populistes, il a l'allure singulière d'un démocrate post-moderne, d'un bonapartiste civilisé et d'un réformateur tempéré, cohérent, acceptant pleinement les lois du marché et de la démocratie mais furieusement désireux de les modifier et de les adapter. Un leader du XXIe siècle, inexpérimenté, juvénile, arrogant, trébuchant, solitaire, provocant mais aussi novateur, énergique, infatigable.

On l'a comparé à Valéry Giscard d'Estaing pour son brio intellectuel, sa modernité, sa compétence économique. Mais celui-ci avait été auparavant un grand parlementaire et un puissant ministre, un chef de parti expérimenté et un patricien éclairé, alors qu'Emmanuel Macron n'est héritier de rien ni de personne et a surgi comme un météore dont on ne sait pas s'il flamboiera ou s'il s'éteindra. On l'a encore rapproché de Tony Blair, l'inventeur de la « troisième voie » entre socialisme et conservatisme : plût au ciel qu'il en ait le charme conquérant et la virtuosité de grand communicant ! Il en est loin. Il s'efforce en le sachant ou sans le savoir, d'être au pouvoir un schumpetérien, apôtre et disciple de la « destruction créatrice » qui a fait la réputation du célèbre économiste ou encore l'élève du grand sociologue Michel Crozier qui le premier comprit la France comme une société bloquée.

D'où l'ambition salutaire et déraisonnable d'affronter les « passions tristes » des Français, leur pessimisme invétéré, leur mécontentement perpétuel, leur déclinisme malheureux, leur jalousie irrépressible, leur ressentiment belliqueux, leurs divisions, leurs fractures, leurs blessures, leurs cicatrices éternelles qui font l'originalité de ce peuple incomparable, brillant, inconstant et imprévisible qui fascine de loin et inquiète de près. Depuis Valéry Giscard d'Estaing, aucun président n'est parvenu à surmonter ce fort caractère de frimas, de brises et d'orages au-delà de deux ans. La confiance et le crédit démocratique des chefs d'État élus s'épuise en effet désormais en deux années dans ce pays. La légitimité présidentielle n'est donc que biennale, que la durée du mandat soit en théorie de sept ans ou de cinq ans. Au-delà de vingt-quatre mois, tout président est contesté, vilipendé, rejeté. Vulnérable. François Mitterrand, Jacques Chirac, Nicolas Sarkozy, François Hollande l'ont éprouvé tour à tour, de plus en plus vite, de plus en plus violemment. La France reste ce grand pays enviable aux orages non désirés. Être président en France, c'est être impopulaire, et être impopulaire, c'est être entravé. Voilà la malédiction présidentielle qu'Emmanuel Macron a la prétention d'affronter et de vaincre. Avec son courage et son énergie. Avec ses fautes et ses bourdes. Déterminé à réformer, donc en sursis perpétuel. Hardi.

Chapitre 1

Un bonapartisme du XXIe siècle

Depuis deux siècles, un fleuve souterrain traverse la France politique. Il se nomme le bonapartisme. Non pas qu'il s'agisse du culte ou de la nostalgie d'une dynastie. Personne ne rêve de porter sur le trône le prince Napoléon, pas même les Ajacciens. Napoléon Bonaparte est unique comme l'a d'ailleurs confirmé le cruel fiasco de son neveu Napoléon III. La France du XXIe siècle n'est assurément pas taillée pour un régime impérial. Non pas davantage qu'il s'agisse d'un corps de doctrine, d'une idéologie constituée. Le bonapartisme ne possède aucun théoricien breveté, aucun nouveau prophète, aucun disciple notable ou même significatif, aucun prêcheur, aucun avocat inscrit au barreau de la politique. Intellectuellement, on peut le dire en jachère. Pas davantage de parti, de mouvement, pas la moindre organisation, sinon quelques clubs épris du folklore de la Grande Armée, passionnément désireux de porter quelques jours par an l'uniforme des grenadiers de la Garde ou des chasseurs à cheval de la cavalerie légère. D'inoffensifs maniaques des reconstitutions historiques, bivouaquant un week-end par an sur des plaines désolées en rêvant aux prouesses d'antan.

En revanche, le bonapartisme est bien vivant dans une littérature immense, inépuisable, toujours renouvelée avec des bataillons et des régiments de lecteurs. Mais surtout, et c'est là le point, dans un tempérament national, un instinct populaire, un sentiment, une frustration, un espoir, celui d'une autorité légitime, démocratique cela va de soi, mais ferme ; celui d'un homme providentiel, au moins le temps de son irruption, d'un dirigeant charismatique, inattendu, atypique, romanesque. D'un pouvoir capable de rêver et de faire rêver, de marquer et de peser, de surprendre et de choquer. Issu du suffrage universel et non pas d'un coup de force ou d'un coup d'État – on n'est plus au XIXe siècle. Bâti pour un régime présidentiel ou pour une lecture présidentielle du régime, avide de réformes, d'activité, d'entreprise. Un homme d'action en rupture de ban vis-à-vis des codes traditionnels de la politique, un intrus, parfois un malotru, mais un leader, un entraîneur. Quelqu'un qui redonne de la chair et de l'ambition à la politique, qui incarne, qui bouscule, qui peut séduire ou décevoir, gagner ou perdre. Mais rompre, oser, choisir.

Depuis le Consulat, des hommes de cette trempe, audacieux, déterminés, non conformistes, hétérodoxes, faits pour les diagonales insolites plutôt que pour les avenues rectilignes, tantôt fêtés, tantôt rejetés, tantôt célébrés, plus souvent démythifiés, la France en a connu une dizaine, parfois venus de la gauche, généralement ancrés à droite, aimant commander mais s'inclinant devant le suffrage universel. Ce sont eux qui incarnent, en le sachant ou sans le savoir, les éternelles résurgences du bonapartisme. Ils n'en portent pas les couleurs, mais ils en font revivre le tempérament et, au moins un temps, la popularité ambiguë. Leurs points communs sont l'autorité et la hardiesse, des chemins de traverse qui frôlent les crevasses et les précipices. Ils personnifient la suprématie de l'exécutif. Ils rêvent d'être des héros, des sauveurs, au moins des novateurs, des réinventeurs de la politique. Ils peuvent aussi être les livreurs de chimères ou d'illusions, voire de dérives ou d'impasses. Séduisants et dangereux, conquérants et téméraires.

Après Napoléon le Grand et Napoléon le Petit, on peut ainsi discerner une couche de bonapartisme sous l'orléanisme affiché d'Adolphe Thiers, premier président de la IIIe République, dissimulant mal une tentation autoritaire sous son républicanisme de raison. Habile quand il le pouvait, violent, féroce même, quand il le jugeait nécessaire. Manœuvrier et impétueux, aventureux et implacable, imaginatif et possédé par une fringale du pouvoir.

Le général Boulanger, ensuite, prototype caricatural du bonapartisme. Courageux et immensément populaire, démagogue, consternant autant que maladroit, portant beau et pensant peu, soutenu à l'origine par la gauche, comme Thiers le fut sous l'Empire, puis adulé par la droite nationaliste, une trajectoire politique météorique commençant par une ascension fulgurante pour s'achever bien vite en naufrage théâtral.

Y avait-il également du bonapartisme chez Clemenceau ? On l'a parfois dit, surtout chez ses adversaires. Grandi à gauche, terrible dans l'opposition, insolence brillante, culture originale, patriote de feu, il voulait et aimait trancher, faisant preuve au pouvoir d'une fermeté d'airain et d'une énergie prodigieuse, mitraillant et canonnant sans répit quiconque lui résistait, ridiculisant les médiocres qui le lui ont fait chèrement payer. Un homme d'État assurément, un grand homme en 1917, moins inspiré après la victoire, ardent républicain, parlementaire d'élite mais dont l'autorité ne se partageait pas.

André Tardieu aussi, durant l'entre-deux-guerres, plume étincelante, intelligence étourdissante, grand espoir de la droite, politique malheureux, habité par l'obsession de rétablir un pouvoir exécutif fort, plaidant pour cela à travers des livres étrangement modernes, comme un bonapartiste dévoilé trop tard et disparu trop tôt.

D'autres figures politiques de cette époque furent suspectées ou accusées de tentation bonapartiste. Ce fut le cas de deux personnalités de premier plan, Alexandre Millerand et Gaston Doumergue, l'un et l'autre présidents du Conseil, puis de la République. Deux destins comparables puisque l'un, venu du socialisme, finit par être contraint par le Cartel des gauches de quitter piteusement le palais de l'Élysée, après avoir voulu outrepasser son rôle et ses prérogatives quand l'autre, radical méridional, populaire, malin et cordial, fut rappelé à la tête du gouvernement trois ans après la fin de son septennat, alors qu'il s'était retiré de la vie politique. Expérience fugitive, puisque acclamé en recours après les violences et la crise du 6 février 1934 qui fit vaciller la République, il dut renoncer dix mois plus tard seulement sous la pression de la gauche pour avoir voulu imposer, au galop et à la cravache, une réforme constitutionnelle renforçant les pouvoirs du chef de l'État et ouvrant la voie, craignait-on, à l'aventure du présidentialisme. Toujours la peur de l'autoritarisme, toujours chez les uns l'espérance d'un exécutif renforcé et chez les autres le frisson d'un péril pour la démocratie. C'est l'équivoque perpétuelle du courant bonapartiste : autorité ou autoritarisme, présidentialisme énergique ou présidentialisme abusif.

Autre figure d'ascendance bonapartiste partielle, le fameux colonel de La Rocque. Héros magnifique de la « Grande Guerre » de 1914-1918, couvert de décorations, il se lance dans le combat politique avec ses Croix de Feu qui deviennent la plus puissante des ligues des années 1930. Légaliste, il fait échouer le coup de force du 6 février 1934 mais, sa ligue dissoute par le Front populaire, fonde aussitôt le Parti social français (PSF) qui devient la force extra-parlementaire la plus puissante. Son autorité, son ascendant sur ses troupes, la discipline exigée, son révisionnisme institutionnel débouche sur la revendication d'un pouvoir exécutif fort et d'un Parlement rénové. Ses aspirations sociales le situent en réalité au confluent du bonapartisme – pour des millions de Français, il est l'homme providentiel –, du christianisme social et d'un étrange populisme conservateur. Un cas à part, que certains historiens ont voulu transformer à tout prix en un quasi-fasciste, ce qu'il n'était pas. Patriote intransigeant, il refuse toute collaboration avec le nazisme et sera résistant déporté, d'ailleurs honteusement traité à la Libération par le général de Gaulle qui le laisse mourir misérablement.

Le défaitisme et le tempérament foncièrement réactionnaire du maréchal Pétain le situaient aux antipodes du bonapartisme, alors que le patriotisme intégral et l'altière grandeur du général de Gaulle l'en rapprochait au contraire irrésistiblement. Il n'en convenait point, proclamant haut et fort « je n'ai pas de prédécesseur ». Il admirait chez Napoléon le génie militaire, il critiquait vivement le souverain. Lui-même ne voulait donc être que gaullien mais son prestige, son autorité, son autoritarisme même, sa volonté de rupture, sa boulimie de réforme, le dédain affiché pour ses adversaires, son profil d'officier intellectuel l'en rapprochaient malgré lui. Le plus grand Français du XXe siècle cousinait, plus qu'il n'en avait envie, avec le plus grand Français du

XIXe siècle. Peut-être en son for intérieur s'agaçait-il de la gloire inimitable de l'Empereur.

Quoi qu'il en soit, dès Londres en 1940, il fut suspecté d'absolutisme, de césarisme et même par le président Roosevelt de tentation dictatoriale. Son intransigeance passait pour de la tyrannie, son charisme pour de l'aventurisme. Il fallut le ralliement ostensible de la Résistance intérieure et des anciens partis, puis son éclatante popularité à la Libération, pour que s'éloigne le spectre éternel du bonapartisme. Pas pour longtemps : sa démission fracassante de la tête du gouvernement en janvier 1946, son refus glacial du parlementarisme retrouvé de la IVe République, la croisade antiparlementaire du RPF (Rassemblement du peuple français), ses philippiques contre les nouvelles institutions, ses discours célèbres de Bayeux ou de Strasbourg appelant à un exécutif fort jetèrent derechef le doute sur ses sentiments. Plus que jamais, il était accusé à gauche et même à droite d'aspirations autocratiques.

Son retour au pouvoir en 1958, les nouvelles institutions de la Ve République, le régime ostensiblement présidentialiste mis en place sous son autorité relancèrent aussitôt la controverse. Le Parti communiste le traitait de fasciste, Pierre Mendès-France ou François Mitterrand mettaient en doute ses sentiments démocratiques. Un président armé et cuirassé de vastes prérogatives, n'était-ce pas l'éternel retour du bonapartisme ?

La vigueur ostensible de ses choix, l'avalanche initiale des réformes, ses coups d'éclat sur la scène diplomatique, la personnalisation assumée, scénarisée du pouvoir, tout concordait. C'était la République gaullienne, un régime balançant entre une démocratie plébiscitaire mais rénovée et un autoritarisme affleurant mais encadré par l'État de droit. La démission cornélienne du

Général après l'échec du référendum de 1969, puis les alternances et les cohabitations atténuèrent les doutes sur le caractère démocratique de la Ve République sans jamais les dissiper tout à fait.

Qu'il y ait du bonapartisme dans le gaullisme, cela semble évident même s'il ne s'agit que d'une composante forte. Que ce bonapartisme-là soit le descendant lointain et infidèle du bonapartisme originel, cela va de soi. Peut-être même la République gaullienne crée-t-elle à son tour du bonapartisme. Après l'affrontement wagnérien des totalitarismes du XXe siècle, le bonapartisme contemporain ne peut être qu'une démocratie énergique, une autorité contrôlée, un pouvoir encadré, une sensibilité canalisée, épisodique, récurrente, mêlant nostalgie du prestige, aspiration à un monarque républicain déterminé et audacieux, avec la nostalgie du charisme, la personnalisation méthodique du pouvoir avec son appareil de ruptures et de nouveautés. En somme, la part du rêve ou de la chimère chez un peuple obsédé par la peur du déclin, de l'effacement, de la banalisation de son pays. Une tentation qui oscille désormais entre un bonapartisme post-moderne, celui d'Emmanuel Macron, et un nationalisme populiste, celui de Marine Le Pen. L'autorité néo-bonapartiste en garde-fou contre l'extrémisme démagogique. Encore une spécificité française au sein d'une Europe imprégnée de parlementarisme mais encerclée par des régimes illibéraux.

Ce bonapartisme contemporain serait-il un mirage, un rêve évanoui, une illusion ? Il affleure cependant trop obstinément pour être un fleuve asséché. Régulièrement, il continue à colorer la personnalité d'aspirants ou de détenteurs du pouvoir comme un affluent irrésistible et bondissant. Qui ne l'a pas perçu chez un Dominique de Villepin avide de pouvoir et tout prêt à se ruer à la conquête du palais de l'Élysée, si les circonstances mais surtout Nicolas Sarkozy ne lui avaient pas fait barrage ? Imagine-t-on un personnage plus bonapartiste que lui, mi-Murat, mi-Fouché avec son physique héroïque de colonel de hussards, son verbe épique et grandiloquent, avec son goût du risque et du fracas, ses intuitions fulgurantes et ses initiatives hasardeuses, avec sa bravoure éclatante et son cynisme ténébreux ? Il ne lui manquait qu'un shako, un dolman, un cheval et un sabre.

Empreinte bonapartiste ostensible aussi chez Nicolas Sarkozy, avec sa prodigieuse énergie, son extrême rapidité intellectuelle, son goût du risque jusqu'au bravache, son ardente ambition pour la France, son charisme populaire, ses incartades et ses familiarités incongrues jusqu'au vulgaire (comme l'Empereur...), son imagination et ses débordements, son don d'entraînement, fascinant les uns, rebutant les autres, son ascension à coups d'éclat, à coups de théâtre, à coups d'épée : l'homme de la Marche consulaire au son de laquelle il pouvait légitimement passer en revue la garde républicaine. Jusqu'aux pièges et traquenards, aux complots et aux trahisons que ses ennemis et parfois ses amis multipliaient contre lui, rêvant de l'expédier vers une autre Sainte-Hélène.

Quant à Manuel Valls, clémenciste revendiqué, son goût affiché de l'autorité, sa poigne d'acier dans la lutte contre le terrorisme, son discours patriotique éclatant, faisant se dresser d'un seul élan une Assemblée nationale fugitivement réconciliée, sa pugnacité perpétuelle, son tempérament batailleur, son goût des ruptures et des clivages, sa double culture, française et espagnole, comme celle de Bonaparte entre la Corse et la République, lui aussi porte quelque chose d'un bonapartisme jacobin, né à gauche, avançant à droite. Le bonapartisme contemporain ne manque donc pas de figures marquantes penchant vers l'autorité et vers l'ordre, vers l'audace et vers la rupture, vers les réformes et vers les polémiques. Napoléoniennes d'instinct, de caractère ou d'inconscient.

Et maintenant, nous y voilà, Emmanuel Macron. Assurément, il ne revendique aucune filiation bonapartiste, il s'en défend même. Mais s'il s'en défend, c'est qu'il en est suspecté, voire estampillé par ses adversaires. L'étiquette n'a rien d'infamant, tant s'en faut, mais elle marque et son empreinte n'est pas du tout celle que revendique le jeune chef de l'État. Il ne veut plus être classé comme un socialiste, et d'ailleurs il ne peut pas l'être. Même s'il a fréquenté des cercles socialistes à la fin de son adolescence, même s'il a butiné chez les chevènementistes – goût de l'autorité, culte de l'État patriotique – avant de lorgner vers le rocardisme, son modernisme, son européisme, son ouverture culturelle, son intellectualisme ; même si, cornaqué par l'omniprésent Jacques Attali, il a voulu s'introduire dans le cercle des collaborateurs de François Hollande pendant la campagne présidentielle de 2012, il n'est pas socialiste. D'ailleurs, encore ministre il le précisera, quitte à déplaire. En fait, il a le cœur à gauche, beaucoup d'ambition, de grandes capacités, de la séduction, mais il croit plus au marché qu'aux entreprises nationalisées, au secteur privé (où il n'est passé que brièvement au sein de la fameuse banque d'affaires Rothschild), qu'au secteur public, à la concurrence qu'aux monopoles. C'est un partisan de la politique de l'offre, un européen convaincu, un mondialiste réaliste conservant cela va de soi des réflexes colbertistes bien français. Donc, ni un socialiste ni même un social-démocrate.

D'ailleurs, durant les deux années où il est ministre de l'Économie, il se fait remarquer par sa volonté d'introduire le plus de souplesse et de flexibilité possible dans l'économie française. Moins de normes, de règlementations, de seuils, de statuts, de freins, plus de libertés, de concurrence, d'audace, de conquêtes. Un social-démocrate authentique comme son collègue Michel Sapin, ministre des Finances quand il devient ministre de l'Économie, ne s'y trompe pas : Emmanuel Macron est décidément plus libéral-social que social-démocrate, et pas du tout socialiste. Son cœur est à gauche mais sa tête est à droite. Idéologiquement, il se situe quelque part entre Tony Blair, Gerhard Schröder et Bill Clinton. Hors du champ des critères politiques français traditionnels, dans le monde du libéralisme social anglo-saxon avec en revanche une culture littéraire, théâtrale, poétique extrêmement française et cette pointe d'intellectualisme qu'on retrouve aussi bien chez de Gaulle que chez François Mitterrand, chez Georges Pompidou que chez Valéry Giscard d'Estaing, chez Michel Rocard que chez Laurent Fabius. Une culture économique libérale-sociale anglo-saxonne, une culture littéraire et historique bien française.

Ce qu'il a de plus français, cependant, c'est son ascendance bonapartiste. Il ne s'agit évidemment pas de faire d'Emmanuel Macron un nouveau Bonaparte. Où seraient ses victoires, sa gloire, son génie militaire ? Personne n'est d'ailleurs plus civil que l'actuel chef de l'État. Où serait également l'œuvre inégalable du Premier consul, reconstruction d'un État après la Révolution, la Constitution taillée sur mesure, le Nouveau Régime, l'invention d'un système administratif moderne, d'une organisation judiciaire, d'un Concordat, du Conseil d'État, de l'Université, de la Banque de France, des préfets, des lycées ? Aucun quinquennat, pas même les cinq premières années de la monarchie gaullienne, ne peut se mesurer aux cinq années du Consulat. Rien de commun donc, aucune ampleur comparable. Bonaparte est un génie, Emmanuel Macron est un talent. Ne parlons même pas de Napoléon, ce monstre de gloire inégalée, inégalable, héroïque mais dévorant les soldats français, ruinant les populations, portant la France plus haut que jamais mais en tyrannisant l'Europe et en répandant la mort. Une démesure géniale et sanglante, épique et monstrueuse du plus grand capitaine d'Europe, du plus grand monarque français mais du pire fossoyeur des hommes, des États et des libertés. Emmanuel Macron, lui, n'est ni un génie, ni un héros, ni un mythe. Sa démesure ne franchit pas les bornes de l'autorité démocratique et de la légitimité républicaine. Il n'est assurément pas Bonaparte, seulement bonapartiste.

Mais bonapartiste bien plus qu'il ne le croit et qu'il ne le veut. Le bonapartisme est d'abord une rupture, une ambition, une autorité, une incarnation. Sur chacun de ces points, Emmanuel Macron coche la case. Une rupture ? Avec Bonaparte, c'est à la fois un coup d'État, le 18 Brumaire, un changement de régime, l'enterrement du Directoire et surtout, chacun le sait, la fin de la Révolution. Difficile de rompre davantage. Bonaparte ou la rupture historique. Pour Emmanuel Macron c'est plus simplement de rupture politique qu'il faut parler. Un événement incommensurablement plus modeste sans doute mais, tout de même, quelle rupture politique ! Une vague de dégagisme comme la France n'en a pas connu depuis 1958. L'effondrement des deux partis de gouvernement qui ont structuré la Ve République depuis 1981. Trente-sept ans d'alternances et de cohabitations qui semblent soudain appartenir à un autre siècle. Les

Républicains sont à terre, alors que deux mois plus tôt ils se croyaient promis au ciel. L'élection présidentielle les abat, les élections législatives les achèvent pour au moins cinq ans. Quant au Parti socialiste, il perd tout en quelques semaines : électeurs, militants, leaders et même idéologie. Les Républicains s'effondrent, les socialistes agonisent, l'élection d'Emmanuel Macron est un ouragan politique. L'Assemblée nationale est décapitée, la majorité des députés sortants sont balayés, les traditions, les rapports de force, les préceptes mêmes volent en éclats. Rupture.

Qu'il y ait aussi ambition, qui pourrait en douter ? Bonaparte rêve de conquérir le monde. En Italie, où il a multiplié les exploits, il s'est imaginé César. En Égypte, il ne l'a pas caché, la retenue n'est pas son fort, il s'est vécu comme un nouvel Alexandre. Revenu en France, il n'a songé à mettre son épée au service d'une politique que pour se saisir du pouvoir, de tout le pouvoir. La France sort par lui de dix ans d'espérances, de convulsions, de chimères et de terreurs, d'expérimentations, républicaines et démocratiques, de tyrannies et de coups de force, de liens ancestraux coupés net, de tremblements, de peurs, de secousses telluriques, de pouvoirs arrachés, disloqués, chaotiques. Bonaparte veut commander et régner. Il arrache littéralement le pouvoir après quelques frissons, s'installe et l'accapare. S'il devient Premier consul, ce n'est pas pour le décorum ou pour les uniformes d'apparat, même s'il les savoure en souvenir des années de gêne, c'est pour la puissance, l'omnipotence, l'aventure et la gloire, des perspectives de règne et de conquêtes. Une ambition consulaire grosse d'ambition impériale.

L'ambition d'Emmanuel Macron est moins démesurée, moins homérique, moins titanesque. Elle demeure dans le cadre de la République et des institutions. Là encore, il s'agit d'une ambition politique, pas d'une ambition historique. Reste que le jeune président a présenté son projet dans un livre intitulé *Révolution*, ce qui n'est ni modeste ni sage, et que son objectif proclamé est la « transformation » de la France : moins qu'un changement de régime, plus qu'une simple alternance, plus qu'une alternative classique. Emmanuel Macron ne veut pas seulement renverser une majorité et piloter un changement de ligne économique et sociale. Il aspire à une tout autre ambition. Il entreprend de transformer la société, de bâtir une autre France, plus ambitieuse et plus contemporaine, et même d'inspirer et de conduire une souveraineté européenne inédite, une Europe-puissance, comme ses prédécesseurs l'ont souvent voulu sans jamais y parvenir et sans toujours l'avouer. Lui le proclame et cela ne plaît pas à tout le monde. Il veut être le monarque républicain du XXIe siècle, le chef de file d'une Europe en marche. Plus qu'une ambition présidentielle ordinaire, une ambition héroïque, délibérément téméraire. Déraisonnable.

Et puis une autorité, évidemment. Le bonapartisme commence par l'autorité, se construit par l'autorité, symbolise l'autorité, frôle sans cesse l'autoritarisme et y bascule généralement. Avec Bonaparte, cela tourne même rapidement à l'autocratie. Il y a trois consuls mais bien vite il n'y en a plus qu'un. Bonaparte est un chef, un grand capitaine, un conquistador du pouvoir. Il met en ordre la société, rétablit la sécurité, installe la stabilité, réforme sur un rythme que chacun s'épuise à suivre, que chacun n'a pas d'autre choix que de s'épuiser à suivre. Il installe des pouvoirs d'équilibre théoriques – le Sénat, le Tribunat, le Corps législatif, le Conseil d'État –, fait ratifier sa Constitution par un plébiscite plus qu'encadré. Tout le monde comprend vite qu'il n'existe en somme qu'un seul pouvoir, rayonnant au sommet, celui du Premier consul. L'autorité, c'est Bonaparte qui la détient, l'accapare, l'exerce pleinement et malheur à ceux, assez rares au demeurant, qui rechignent ou protestent. Le bonapartisme, c'est le vertige de l'autorité.

Emmanuel Macron en cela est bien de la famille. Longtemps il est passé comme un séducteur avant tout, certes imaginatif, entreprenant, ambitieux comme on l'a vu. Mais c'était avant qu'il ne soit élu président. À peine est-il entré au palais de l'Élysée que son autorité éclate, jubile et s'expose, s'exhibe même. Pas toujours à son avantage. L'humiliation qu'il impose au général Pierre de Villiers, chef d'état-major des Armées, en le semonçant vertement devant ses subordonnés, c'est au mieux une erreur de jeunesse, au pire une énorme maladresse et en tout cas un bien mauvais départ pour celui qui constitutionnellement est le chef des Armées. Il lui faudra deux ans et une loi de programmation militaire sérieuse pour effacer ce péché originel. Autoritaire, il le démontre encore d'emblée par le choix de ses ministres, plus experts que politiques, comme s'il voulait se réserver les décisions. Le rythme effréné des réformes qu'il impose en est une autre preuve. Avec lui, on sait qui commande et d'où partent les ordres. D'ailleurs, très vite, on lui inflige le sobriquet de Jupiter et on glose sur la verticalité du pouvoir.

On le critiquera aussi beaucoup à propos du maintien de l'ordre et même de la nouvelle législation pour la lutte contre le terrorisme. À gauche, dans les syndicats, chez les intellectuels, dans la presse d'opposition, on trouve que la police a la matraque lourde, le gaz lacrymogène abusif, les grenades bien faciles et les tirs de balles en caoutchouc beaucoup trop dangereux. On met en cause les nouvelles doctrines du maintien de l'ordre. On accuse aussi le Président de choisir la brutalité et de faire passer des législations répressives. Néo-bonapartisme. On le voit : Emmanuel Macron partage pleinement la maxime gaullienne. L'autorité ne se divise pas. Avec lui, elle se concentre et remonte sans cesse au sommet, même si Édouard Philippe, quand il était Premier ministre, était loin d'être effacé et avait son mot à dire. Il n'empêche : Emmanuel Macron a le sens et le goût de l'autorité en disciple zélé du bonapartisme. Ce n'est pas Jean Castex qui dira le contraire.

Quant à l'incarnation, si caractéristique du bonapartisme, Emmanuel Macron la vit, l'entretient et la met en scène. Bonaparte a là-dessus plus que rouvert la voie. Sous l'Ancien Régime, l'incarnation était un principe monarchique majeur. La figure du roi, le protocole et le cérémonial la mettaient en scène, la théâtralisaient obsessionnellement. Elle culminait avec le sacre. Elle persistait jusqu'au dernier sommeil des rois. Lors des obsèques, elle renaissait dans l'instant, muant en transmission royale. Elle brillait sur les écus et les louis. Elle resplendissait sur les portraits flatteurs. Toute la vie de la cour s'organisait autour d'elle, la célébrait. L'oint du seigneur ne devait pas être seulement le maître du royaume, il devait en être la représentation idéalisée. Certes, François Ier ou Louis XIV s'y prêtaient plus naturellement que Louis XI ou Louis XVI, l'un avec sa mine d'usurier, l'autre si embarrassé de lui-même, mais ce fut au bénéfice des premiers et au détriment des seconds.

La Révolution avait banni tout cela. Il n'était plus question de mettre en scène un souverain, fût-il républicain. Personne n'avait le pouvoir ou le droit d'incarner la France. Quiconque s'affirmait, marquait ou impressionnait devenait suspect sur-le-champ. Les têtes qui dépassaient étaient promises à être raccourcies… La souveraineté était, devait être collective. Bonaparte ne perdit pas une heure pour remettre l'incarnation sur son piédestal. Le Consulat, c'était la République incarnée, c'était l'autorité personnifiée. La concentration du pouvoir devait se résumer à une seule personne, la sienne. Tous les attributs de l'incarnation furent donc sur-le-champ restaurés : garde consulaire comme il y avait eu la Maison du Roi, palais fastueux, apparat, protocole pointilleux, état-major pléthorique et empanaché. On était loin de la simplicité et presque du dénuement du commandant en chef de l'armée d'Italie. La mise en scène quotidienne de l'incarnation passait par l'adulation obligatoire de la presse, par l'éradication des critiques et des hérétiques, par des apparitions soigneusement théâtralisées du Premier consul, par des proclamations solennelles aussi, et l'organisation du culte d'un Premier consul en héros national. Bonaparte inventait les formes modernes de la glorification du pouvoir.

Emmanuel Macron n'est pas un autocrate aux pouvoirs illimités, il n'est pas son propre metteur en scène à la liberté sans freins. En cela il n'est pas, ne peut pas être consulaire. L'attention extrême, sinon toujours heureuse, qu'il porte à sa communication et à son image constitue cependant une amarre de plus qui le lie au bonapartisme. La personnalisation du pouvoir, il l'endosse, il l'exploite, il la bâtit jour après jour, méthodiquement, attentivement et, semble-t-il, avec dilection. Il aime organiser le théâtre de son pouvoir, il inspire et contrôle de très près la construction de son image. Pour lui, pas de doute, présider, c'est nécessairement incarner. Telle est la logique de la Ve République, tel est le testament de ses prédécesseurs.

Le Général a instauré le culte du prestige et la religion de la grandeur par le verbe et par l'image : conférences de presse incomparables, voyages officiels fracassants (qui a oublié le « Québec libre » ou l'incroyable discours de Phnom Penh, ce réquisitoire historique contre les États-Unis ?), interventions télévisées ou radiophoniques décisives. Au commencement était certes l'action, selon sa formule célèbre, mais au commencement étaient aussi le verbe et l'image. Après lui, Georges Pompidou a poursuivi sur la même voie, avec plus de modestie, moins de coups d'éclat et une innovation : des incursions prudemment balisées dans la vie privée du Président afin d'humaniser sa représentation, de la rapprocher du peuple. Incarnation moins majestueuse, plus familière.

Valéry Giscard d'Estaing, lui, avait réfléchi de longue date au problème. Il voulait qu'apparaisse l'homme derrière le souverain mais que l'homme soit tout en séduction et le souverain tout en grandeur. En somme, un roi des Français à la Louis-Philippe, humain et majestueux, familial et ouvert, incarnation d'une France moderne, libérée mais régalienne, monarchique. François Mitterrand, lui, voulait se dédoubler comme toujours. Il y avait le Mitterrand des campagnes, intellectuel bucolique, et le Mitterrand des villes, monarque hautain et sarcastique. Jacques Chirac préférait toujours la simplicité en privé, l'énergie chaleureuse en public, cultivant l'incarnation de la fonction par une grandeur de proximité.

Nicolas Sarkozy habillait sa fonction d'un bouillonnement d'énergie et d'action avec quelques sorties dissonantes. François Hollande, optant pour sa « présidence normale », renonçait à l'incarnation quotidienne de la présidence, qu'il n'endossait que dans les grandes occasions. Avec lui, si intelligent et si subtil, il pleuvait sur l'incarnation.

Emmanuel Macron n'a pas pris le sujet à la légère. Persuadé, lui, l'homme du nouveau monde, qu'il y avait chez les Français un remords monarchique, peut-être un instinct bonapartiste, il s'est aussitôt présenté en sculpteur de sa propre incarnation présidentielle. Dès sa déambulation au Louvre, impeccablement scénarisée, il a comme François Mitterrand célébré son élection par une sorte de sacre républicain. Sa photo officielle le représente en majesté, debout devant un bureau royal sur lequel sont posés les *Mémoires de guerre* du général de Gaulle de manière faussement nonchalante. Un président français doit être un littéraire et même un écrivain, c'est un must sous la Ve République. Le vainqueur de 2017 est grand lecteur, jeune auteur, homme des livres et qui le fait savoir car il s'agit d'un fragment nécessaire de l'incarnation. De même soignera-t-il particulièrement ces grands discours qu'il signe d'un style : discours sur l'Europe à Athènes, à la Sorbonne, à Aix-la-Chapelle ; discours sur la doctrine française de la dissuasion nucléaire à l'École de guerre ; discours bien plus populaires et qui ont marqué aux obsèques du colonel Beltrame, le héros de Trèbes, de Johnny Hallyday devant une foule immense, rétive puis émue, de Jean d'Ormesson dans une ode brillante à la littérature du dernier demi-siècle qu'illustrait avec tant d'allégresse rêveuse et d'élégante mélancolie l'auteur d'*Au plaisir de Dieu*. Ces discours-là et ceux qu'il faut prononcer lors des belles cérémonies hiératiques aux Invalides pour honorer les soldats tombés au combat, il est interdit de les rater si l'on veut incarner la République. Emmanuel Macron les a réussis.

Plus original : en se lançant à corps perdu dans le périple du Grand Débat, à ses risques et périls, pour clore l'aventure imprévue, redoutable et si révélatrice des Gilets jaunes, il réalise l'une de ces prouesses improbables qui structurent une incarnation. Durant quelques semaines, il a jeté son expertise et son talent dans la balance, allant de salle en salle répliquer et séduire. Un exercice individuel inédit qui le remet en selle de la façon la plus audacieuse, la plus périlleuse, retrouvant du même coup l'estime d'une fraction des Français. En revanche, lorsqu'il se prête volontairement à l'interview du couple baroque formé par Jean-Jacques Bourdin, le plus pugnace des interrogateurs, et Edwy Plenel, le plus hostile des contradicteurs, il a beau leur tenir tête vigoureusement, il accepte d'être traité non plus comme l'incarnation du pouvoir mais comme un homme politique parmi les autres. Il se désacralise. De même, s'il sait parler en monarque républicain dans les occasions officielles, le verbe haut et recherché – il aime visiblement cela –, ne peut-il s'empêcher de lâcher régulièrement des formules cavalières ou provocantes qui en font alors, en matière d'incarnation, une cible facile. Il est vrai que Bonaparte faisait bien pire, mais avec lui la censure veillait, tandis qu'avec son lointain successeur, l'information continue s'embrase sur-le-champ et les réseaux sociaux le précipitent en enfer. En revanche, sa lettre aux Français ou sa lettre aux Européens renouant avec le précédent mitterrandien témoignent de sa hardiesse et de la diversité de ses talents d'expression. Ce n'est à coup sûr ni un président modeste ni un président banal.

Rupture, ambition, autorité, incarnation, les quatre composantes du bonapartisme consulaire se retrouvent, transposées et remodelées, modernisées et démocratisées, au cœur de la République macronienne. C'est le bonapartisme du XXIe siècle. On peut, pour le plaisir plus que pour le sérieux, y ajouter en prime plusieurs traits de caractère communs aux deux hommes, même s'ils pèsent d'un poids inégal et qu'ils ne sont pas d'une intensité comparable. L'audace, cela va de soi. Chez le Premier consul, elle est constante et viscérale. Il l'a démontré vingt fois en Italie ou en Égypte à la tête de ses armées. Il récidive en franchissant l'impossible col du Grand-Saint-Bernard et en imposant (avec l'aide de Moreau) la paix de Lunéville aux Autrichiens et la paix d'Amiens aux Anglais. Il le prouve tout autant en politique intérieure, utilisant cyniquement les attentats contre sa personne pour éradiquer les jacobins et décimer les royalistes. Bonaparte ou l'audace, Macron ou la hardiesse : la conquête du pouvoir par ce novice en politique est si inattendue et si improbable qu'il confiera à Nicolas Domenach et Maurice Szafran : « Sans doute y avait-il chez moi une combinaison de lucidité et d'inconscience », ou encore « Je n'ai peur de rien et je l'ai montré par mon parcours ». De fait, on peut lui reprocher bien des erreurs et des fautes mais pas un manque d'intrépidité. Certes, il n'a pas franchi le pont d'Arcole (Bonaparte non plus, d'ailleurs) mais sa conquête du palais de l'Élysée a des airs de pont d'Arcole électoral. Audace historique de Bonaparte, hardiesse politique de Macron.

L'un et l'autre sont par ailleurs issus de peu pour arriver au sommet, Bonaparte d'une toute petite noblesse, pauvre et endettée, Emmanuel Macron d'une brève carrière chez Rothschild et d'un rapide passage au ministère de l'Économie, ce qui constitue le socle politique le plus étroit jamais connu pour un vainqueur de l'élection présidentielle. Ils en sont également sortis exceptionnellement jeunes l'un et l'autre, Bonaparte Premier consul à 30 ans, Emmanuel Macron chef de l'État à 39 ans. Sous la Révolution les promotions éclair à coups de sabre et de canon étaient certes presque banales. Après l'Empire, aucun monarque ou président n'a accédé à la couronne ou à la magistrature suprême à moins de 40 ans. Certes, dix ans de Révolution mûrissaient les hommes bien plus vite qu'un demi-siècle de vie politique aujourd'hui. Deux trajectoires météoriques, en tout cas. Deux personnages qui croient aussi fermement l'un que l'autre aux hommes providentiels et à la prédestination. Bonaparte comme Charles de Gaulle s'est rêvé souverain dès l'âge des études et des flirts. Quant à Emmanuel Macron découvrant la réalité de la classe politique à son arrivée au ministère de l'Économie, il éprouve aussitôt un sentiment de supériorité naturel. Si les hiérarques et les ténors dont il fait connaissance et qu'il tente aussitôt de séduire sont de ce niveau-là, alors toutes les ambitions sont permises. Bonaparte se savait un destin, Emmanuel Macron s'est découvert un avenir. Tous deux croient fermement qu'il existe des circonstances où des personnages d'exception peuvent se tailler un rôle à leur mesure : l'Histoire pour Bonaparte, le pouvoir pour Macron. Un trait de caractère qui se retrouve certes chez plusieurs prétendants à chaque génération, mais presque toujours à tort. Bonaparte ou de Gaulle parmi les héros ou les demi-dieux, Emmanuel Macron parmi les simples mortels font par contraste figures d'exception.

Leur conception du pouvoir les apparente encore. C'est la nature même du bonapartisme, sous le Consulat comme sous la Ve République, son essence ultime : le pouvoir ne doit pas se diluer mais se concentrer. L'exécutif doit l'emporter sur le législatif, c'est l'originalité de la Constitution gaullienne, sa grande fracture avec les régimes parlementaires de la IIIe et de la IVe République. Au cœur de l'exécutif, l'autorité remonte au chef de l'État. Le Général l'a imposé, ses successeurs l'ont imité. La France n'est pas exactement un régime présidentiel mais la Ve République est tout à fait la république du Président. Sous Bonaparte, le Premier consul est le maître, sinon le dictateur. Bien vite, il n'y a plus de Deuxième ou de Troisième consul. Le Consulat revient à un seul homme. Il a des collaborateurs, il utilise des personnages d'influence. Autour de lui gravitent Cambacérès, Fouché, Talleyrand, Fontanes parmi les civils, Berthier ou Murat parmi les généraux, Joseph ou Lucien au sein de sa fratrie. Mais à ses ordres, sous sa coupe, sans quoi c'est la disgrâce. Avec Emmanuel Macron, il existe un Deuxième consul qui s'appelle Édouard Philippe ou Jean Castex et un Troisième consul qui se nomme Alexis Kohler. L'un est Premier ministre, l'autre secrétaire général de la présidence de la République. L'ex et futur maire du Havre a conquis un poids politique substantiel en dirigeant l'équipe gouvernementale et en devenant progressivement le chef de la majorité parlementaire, alors même qu'il n'appartient à aucune de ses composantes. Il a son franc-parler et s'entretient plusieurs fois par jour avec Emmanuel Macron, proposant, argumentant, amendant mais acceptant, c'est la règle de la Ve République que finalement le Président tranche. Il a gagné au fil des mois en influence chez les députés, n'hésite pas à rectifier ses ministres (en particulier Bruno Le Maire, ministre de l'Économie et des Finances), n'est pas toujours en phase avec le chef de l'État (à propos de la fameuse réforme des retraites, par exemple) mais s'incline. Son caractère est plus raide que celui du Président, mais sa loyauté l'emporte. Après lui, Jean Castex, l'homme du déconfinement puis du couvre-feu et du reconfinement et derechef du déconfinement progressif, a plus de peine à entrer dans l'uniforme du Deuxième consul. Non qu'il manque d'autorité sur les ministres mais les circonstances sont terribles, les opposants relèvent la tête, les macronistes sont moins fringants et beaucoup plus désunis. Difficile de réussir son noviciat à Matignon dans ces circonstances.

Alexis Kohler a été le directeur de cabinet d'Emmanuel Macron lorsque celui-ci était ministre de l'Économie. Il occupe ses fonctions à l'Élysée depuis l'élection même du chef de l'État. Il est son collaborateur le plus intime, son conseiller le plus puissant, entièrement au service de son ami, jour et nuit, semaine et week-end (tous deux dorment fort peu, comme Bonaparte, et échangent leurs idées aux heures les plus incongrues). Il est arrivé à l'Empereur de faire réveiller plus de dix fois en une seule nuit, la veille d'une bataille, le maréchal Berthier, son chef d'état-major. Emmanuel Macron ne va pas jusque-là, mais il est en chemin. Édouard Philippe est son bras droit, Jean Castex rêve de le devenir, Alexis Kohler reste son bras gauche, mais le Président est le chef.

Comme le Premier consul, il détient le pouvoir, le désire et l'exerce. Il est vrai qu'à la différence de Bonaparte, il doit compter avec d'autres pouvoirs et avec d'autres contre-pouvoirs. Le Sénat le combat aussi courtoisement que continûment et parfois sournoisement. Sous le général de Gaulle, la justice n'était pas un pouvoir autonome. Sous Emmanuel Macron, elle l'est pleinement. Le Conseil constitutionnel a depuis 1958 sans cesse élargi son domaine d'intervention et son poids. Avec la Cour des comptes, de plus en plus influente, de plus en plus sévère, avec le Conseil d'État dont la sobriété rigoureuse et la technicité pointilleuse font un redoutable censeur, on a même évoqué à ce sujet le risque du « gouvernement des juges ». C'est très exagéré mais il ne fait pas de doute que le suffrage universel, le Sénat, la justice, le Conseil constitutionnel, la Cour des comptes, le Conseil d'État additionnent une série de contrepoids pugnaces et de censeurs disponibles qui interdisent toute omnipotence et tout absolutisme. La république présidentielle n'est pas un consulat, Emmanuel Macron n'est pas tout-puissant. D'ailleurs, après l'aventure des Gilets jaunes, la bataille des retraites, le Covid et la crise économique et sociale, qui le croirait ? Avec l'information continue et les réseaux sociaux, qui le penserait ? Il faut pousser très loin le complotisme, la crédulité, la passion vengeresse ou le fanatisme pour dénoncer un despotisme macronien. Le Président français est un président démocratique, librement élu, quotidiennement combattu, chaque jour critiqué, vilipendé, dénoncé. C'est un pouvoir mais c'est une cible. C'est un chef de l'État républicain mais c'est un président autoritaire. Non pas autocrate mais autoritaire, avec le tempérament de le vouloir et les moyens de le pouvoir. Donc, cousin du bonapartisme.

Cela s'est vu dès le départ. Il arrive que le palais de l'Élysée et l'hôtel de Matignon se partagent le pouvoir. Cela s'est produit, rarement certes, mais Georges Pompidou sous le Général, Jacques Chaban-Delmas sous Georges Pompidou, Raymond Barre sous Valéry Giscard d'Estaing, Pierre Mauroy sous François Mitterrand, Dominique de Villepin sous Jacques Chirac disposaient d'une vraie marge d'autonomie (sans compter les Premiers ministres de cohabitation, par hypothèse indépendants). Ce n'est pas le cas depuis 2017. Le programme était macronien, le recrutement ministériel macronien, le calendrier des réformes macronien, et macronienne la conduite des opérations.

D'où, très vite, la formule de présidence « jupitérienne » et le choix assumé d'un pouvoir « vertical ». La présidence n'a cessé de régner sur le gouvernement. L'Assemblée nationale, peuplée de novices souvent venus du secteur privé, en particulier à la République en marche (LREM), a longtemps accepté une discipline contraignante. La très large majorité obtenue par les marcheurs et par le Modem de François Bayrou ressemble au fameux baudrier de Porthos dans *Les Trois Mousquetaires* : rutilant de pierreries à l'extérieur, en simple buffle à l'intérieur, une position hégémonique au Palais-Bourbon pour le groupe LREM, une discipline de plus en plus laborieuse à l'intérieur du groupe. Ivresse de la victoire et même du triomphe parlementaire, admiration voire, au départ, reconnaissance pour Emmanuel Macron qui les a faits députés, inexpérience consciente d'élus pleins de bonne volonté initiale mais peu à peu dépités par leur inutilité. L'Assemblée nationale est devenue, comme sous Nicolas Sarkozy, le bras législatif de la présidence. Le contraste avec la législature de François Hollande, littéralement sabotée et bloquée par les « frondeurs » en devenait caricatural. Rien d'étonnant à ce que, à partir de la réforme des retraites en 2020, une volonté d'émancipation ait surgi. Au départ en tout cas, un pouvoir législatif docile à l'autorité présidentielle et initialement presque fier de l'être.

Hégémonie présidentielle sur le gouvernement et sur l'Assemblée nationale, condescendance, indifférence, éloignement vis-à-vis des corps intermédiaires. C'est un défaut congénital de la Ve République dont le culte de l'exécutif s'accorde mal au dialogue nécessaire avec les élus locaux, les syndicats, les médias de masse et les associations. La république présidentielle a par nature en France une tradition jacobine. La Nation, c'est l'État, le Président c'est le chef de l'État, les corps intermédiaires sont priés de le savoir. Sous la république gaullienne, l'État commandait puisque le Président dirigeait. C'était l'époque des grands commis, d'ailleurs souvent des hommes remarquables qui firent le programme nucléaire de la France, l'aménagement du territoire, la planification souple, les grandes entreprises publiques, les programmes aéronautiques ou spatiaux. Sous commandement élyséen jusqu'à la fin du septennat de Valéry Giscard d'Estaing, donc durant vingt-trois ans. Il a fallu attendre François Mitterrand pour que la loi Defferre réussisse une première grande étape de décentralisation, puis Michel Rocard pour desserrer l'étreinte de l'État sur les grandes entreprises publiques, Édouard Balladur pour privatiser intelligemment un secteur public obèse, Jean-Pierre Raffarin et François Hollande pour aider les régions à conquérir leur territoire.

Encore fallait-il jouer le jeu et entretenir le dialogue. Le moins que l'on puisse dire est qu'Emmanuel Macron, réputé issu de la deuxième gauche girondine, a très mal commencé avec les élus locaux. Ceux-ci restaient les derniers représentants debout du vieux monde affalé. Le jeune président ne les a ni flattés, ni courtisés, ni apprivoisés. Très vite, leurs rapports ont tourné à la bataille frontale. Les premières mesures ont fait virer vent debout l'Association des maires de France, celle des départements et celle des régions, généralement pilotées par une droite qui n'attendait que cela. Maladresses, inexpérience, arrogance et surtout autoritarisme ont transformé ces terres de résistance en zones de combats. En quelques mois, Emmanuel Macron s'est aliéné les trois ombrageuses associations d'élus. Même si plusieurs mesures facilitent les regroupements au sein de notre millefeuille territorial, encouragent les métropoles, assouplissent les fusions volontaires, les modifications de la fiscalité locale ont mis le feu. La France compte plus de 500 000 élus locaux, record d'Europe. Le jacobinisme bonapartiste – ce n'est pas un oxymore – s'en est aliéné la grande majorité, même les sympathisants du macronisme se sont rebiffés ou ont regimbé. On en a vu les conséquences avec l'arrivée du Covid et la France des régions et des métropoles. Jean Castex devait renouer le lien, il s'y essaie encore.

Mêmes bévues et mêmes gaffes avec les syndicats. Le terrain était déjà miné. Le ministre de l'Économie Emmanuel Macron avait poussé avec vigueur ses projets d'allègement de la règlementation sociale, d'assouplissement des contraintes légales, des statuts, des corps, des seuils, bref de tout ce qui corsète le vénérable mais lourd et à ses yeux mal vieilli modèle social français. Il s'agissait de diminuer la pression fiscale sur les entreprises, d'alléger les impôts sur le patrimoine et sur les revenus financiers, de relâcher l'étreinte du droit du travail. La loi Macron enclenchait le mouvement sous le gouvernement Valls. La loi travail El Khomri (qu'il aurait voulu prendre en main et muscler) allait dans le même sens. Pour la CGT, FO, la FSU et Sud, il était donc déjà l'ennemi. Pour Laurent Berger, dès la fin du quinquennat de François Hollande, il devenait l'adversaire. Antagonisme redoutable car la moitié des électeurs de François Hollande et la moitié des sympathisants de la CFDT avaient voté pour lui dès le premier tour de l'élection présidentielle et devenait sinon des alliés nécessaires, au moins des partenaires indispensables.

Sa politique économique et sociale, on y reviendra, a sa cohérence et son efficacité. Elle prend cependant résolument le contrepied de la tradition syndicale et même de la culture sociale traditionnelle française. Cela ne signifie pas qu'il fallait reculer et temporiser, comme trop souvent depuis quarante ans, mais encore devait-il tenter de l'exposer sous son meilleur jour, d'essayer d'en convaincre les organisations réformistes, de les rencontrer, de les cultiver, de les évangéliser et, s'il se pouvait, de les séduire. Travail de Romain, certes, mais qui auparavant avait été tenté avec bonheur par un Jacques Chaban-Delmas, un Valéry Giscard d'Estaing, un Jacques Delors, un Michel Rocard et, plus près de nous, un François Hollande.

Emmanuel Macron, tout à son allégresse (son ivresse ?) de la victoire, tout à sa résolution d'aller vite et fort, tout à sa volonté intense de « transformation » de la société française, tout aussi à son tempérament autoritaire et à son pari de réussir son « grand bond en avant », Emmanuel Macron a bousculé sans façon les syndicats. Il a même snobé la CFDT, principal territoire réformiste français. Là encore il a d'entrée déçu des espérances et semé de l'hostilité. Bonapartisme juvénile et autoritarisme naturel. Question ou plutôt contradiction : le macronisme est une religion de la modernité mais l'autoritarisme, mais le bonapartisme sont-ils un modernisme ? Le projet macronien et la méthode macronienne ne seraient-ils pas antagonistes ? Pour le dire de façon plus positive, un bonapartisme du XXIe siècle ne doit-il pas utiliser les moyens d'expression, de communication et de séduction du XXIe siècle ? N'est-il pas possible de transformer sans transgresser, de moderniser sans bloquer, de métamorphoser sans blesser ni heurter ? Le bonapartisme du XXIe siècle ne doit-il pas plus relever de l'art politique que de l'art militaire ? L'histoire est certes tragique mais, en Europe et au XXIe siècle, ne peut-elle pas se faire par des méthodes moins dramatiques ? Après tout, en Europe du Nord, certaines nations y parviennent. La culture du conflit est-elle supérieure, plus efficace que la culture de consensus ? Pour engager une si vaste entreprise de « transformation », ne faut-il pas se ménager des alliés ?

Or, depuis le 7 mai 2017, les réformes se font à la cravache. C'était, il est vrai, la méthode consulaire. Les réformes bonapartistes ne se négociaient pas, elles se décidaient souverainement, s'imposaient impérieusement. L'État moderne, l'État contemporain qu'a inventé le Consulat s'élaborait promptement, s'annonçait fermement et s'appliquait vigoureusement. Deux siècles ont passé. Le rythme des réformes d'Emmanuel Macron est presque consulaire, leurs méthodes perpétuent les gènes bonapartistes.

Le Général au faîte de son prestige pouvait avancer au pas de charge lorsqu'il a multiplié les réformes sur un rythme tout bonapartiste, de 1959 à 1962, durant le gouvernement Debré. François Mitterrand poussé par une vague populaire et par une marée idéologique a pu faire passer en un temps record un train impressionnant de réformes mais, après deux ans seulement, le mécanisme s'est bloqué net. Nicolas Sarkozy, tout feu tout flamme, aurait voulu lui aussi réussir l'entrée de la France dans le XXIe siècle mais trois crises en cinq ans l'ont stoppé. Emmanuel Macron se lance à son tour dans l'aventure des réformes au triple galop.

Il ne manque ni d'audace, on le sait, ni d'idées, on le voit, ni de célérité, on le constate. Il attaque sur tous les fronts, il ouvre dix brèches à la fois. Il arrache la réforme impossible du code du travail, il oblige la SNCF à changer de statut, de logique et de moyens. Il contraint les partenaires sociaux à se plier à la réforme de l'assurance-chômage. Il inflige aux collectivités locales une réforme de leur fiscalité. Il impose aux contribuables la retenue à la source réputée incompatible avec notre maquis fiscal et notre tempérament national, il défie l'opinion en violant (en partie seulement, d'ailleurs) le tabou sacré de l'impôt sur la fortune, il oblige l'Éducation nationale à changer subitement de siècle, réformant le baccalauréat, totem entre les totems. Il accouche aux forceps une gigantesque réforme des retraites (inachevée mais pas abandonnée) qui plonge subitement la France en effervescence et jette les syndicats dans une grève désespérée qui n'en finit pas. Si le bonapartisme est un réformisme autoritaire, alors Emmanuel Macron est bien bonapartiste. Si le bonapartisme est un modernisme belliqueux, alors Emmanuel Macron est bien bonapartiste. Et si le bonapartisme est une guerre ouverte contre le conservatisme et les traditions, alors Emmanuel Macron est décidément bonapartiste.

Évidemment, cela implique plus de mitrailles et de boulets que d'embrassades et d'accolades. Le dilemme est que l'autorité du bonapartisme se marie mal avec la volonté de rassemblement et l'espoir d'unité du macronisme. Le Premier consul, fort du prestige de ses exploits militaires et de son ascendant impérieux sur les hommes, surplombait, décidait et tranchait. Il ne refusait pas les ralliements et même les facilitait parfois, employant des jacobins repentis, ouvrant son entourage à des aristocrates de l'Ancien Régime, encourageant le retour de certains émigrés. Son autorité ne se partageait pas mais sa popularité était immense, ses soldats l'adulaient, ses officiers l'admiraient, les dignitaires de la cour se prosternaient, paysans et bourgeois s'attachaient à celui qui avait restauré l'ordre, rétabli la stabilité et surtout garanti la propriété définitive des biens nationaux acquis durant la Révolution. Ce n'était pas encore la légende de l'Empereur mais c'était déjà le mythe du sauveur. Au demeurant, la police veillait et les indicateurs ne manquaient pas. Les réfractaires étaient sous surveillance. La France était tenue d'une main implacable.

Emmanuel Macron ne dispose ni d'une réputation comparable, ni d'une popularité de même nature ou de même ampleur, ni des mêmes moyens de maintien de l'ordre. La popularité du Premier consul relève du charismatique, chez certains de la mystique, celle d'Emmanuel Macron est soumise aux aléas de la politique, aux traverses du pouvoir, aux fureurs de l'opinion, aux flèches des réseaux sociaux, aux terribles secousses du Covid et de la crise économique qu'il provoque. Le jeune président a des admirateurs et des fidèles. Une fraction de l'électorat lui est attachée, une autre varie ou vacille, une troisième le hait véritablement, on y reviendra[1]. Si Emmanuel Macron est un président atypique, on pourrait dire anormal, ses rapports avec l'opinion n'ont rien que de classique : amour, désamour, déception, regrets, ressentiments, plus cette spécificité d'une animosité plus intense encore que celle subie par ses prédécesseurs. Dans ces conditions, bien difficile de rassembler. Emmanuel Macron voulait enjamber les clivages, fédérer les contraires, sociaux-démocrates dépités, écologistes raisonnables, centristes en jachère, républicains en deuil, abstentionnistes disponibles. Le temps d'une campagne éclair, d'un vote surprise, d'un état de grâce fugitif, il y est parvenu. Dès l'affaire Benalla, conduite avec un amateurisme aveugle, dès les réformes du code du travail et du statut de la SNCF, menées avec une énergie

1. Voir chapitres 3 et 4.

sans concession, l'opinion s'est fissurée. La France a un jeune président entreprenant et audacieux mais clivant et, on l'a vite constaté de petites phrases intempestives en petites phrases provocatrices, imprudent.

Certes capable de prouesses impressionnantes lorsque, avec son Grand Débat, il sillonnait la France, brillant, incollable ou presque, attentif et même aimable : convaincant. Mais auparavant, face aux Gilets jaunes, quelle cécité, quelle incompréhension, quel temps perdu et jamais retrouvé ! Quant au Covid, si soudain, si violent, si ravageur, il l'a affronté avec courage et énergie mais sans jamais parvenir à anticiper et à rassurer, mieux armé face à la crise économique que face au virus. Un président d'une détermination et d'une audace bonapartistes mais d'une inexpérience et d'une maladresse fort peu consulaires. Bonaparte pouvait interdire toute opposition, son autorité était césarienne. Emmanuel Macron, bonapartiste mais démocrate, assujetti au suffrage universel, exposé aux variations rapides de l'opinion, contesté par les syndicats, combattu par les oppositions, rossé par les réseaux sociaux, Emmanuel Macron pouvait bien avoir une résolution et une ambition bonapartistes, il restait assujetti aux valeurs et aux règles de la République, aux principes et aux lois de l'État de droit. Un bonapartiste heureusement entravé. Par-dessus le marché, pressé et enserré, il commet des impairs, négligeant ou bousculant les corps intermédiaires, snobant et rebuffant les journalistes, créant par gaucherie rancœurs et animosités. Position centrale certes, mais attitude centriste, vraiment pas.

En fait, lui qui ne se voulait au départ « ni de droite, ni de gauche », puis au fil de sa campagne victorieuse « et de droite, et de gauche », penche à l'expérience plus à droite qu'à gauche. Lorsqu'il s'est proclamé candidat, on imaginait qu'il allait perpétuer et rénover la « deuxième gauche » de Michel Rocard et Jacques Delors ; devenu président, on s'est vite demandé s'il n'allait pas plutôt élargir et incarner une « deuxième droite », européenne, libérale, modernisatrice et sociale, avec beaucoup d'un lointain héritage giscardien. N'avait-il pas la même qualité intellectuelle, la même arrogance involontaire, le même goût pour la politique conceptuelle, l'appartenance au même grand corps (l'inspection des Finances), le même tropisme européen, la même logique libérale colbertienne, la même absence de psychologie ? Il est vrai qu'Emmanuel Macron ne possède ni le passé de grand parlementaire de VGE, ni sa longue expérience de la vie politique, ni ses douze ans ministériels préalables à son élection au palais de l'Élysée. Contrairement à lui, il n'appartient pas à la haute société, il vient de la moyenne bourgeoisie provinciale. L'actuel chef de l'État a cependant un âge et une trajectoire beaucoup plus bonapartiste. Le giscardisme était une transition post-gaulliste, le macronisme est une rupture post-socialiste. Valéry Giscard d'Estaing est un homme du XXe siècle, Emmanuel Macron un homme du XXIe siècle. S'il a un profil giscardien, il a un caractère bonapartiste. Il en a l'âge, l'ambition, l'autoritarisme. Valéry Giscard d'Estaing était un monarque républicain, Emmanuel Macron est un républicain consulaire.

Chapitre 2

Une élection par effraction

Emmanuel Macron a toujours eu le goût des mots rares ou pittoresques, archaïques ou provocateurs. C'est lui-même qui a baptisé sa victoire de 2017 d'« élection par effraction ». On ne saurait mieux dire. L'élection présidentielle de 2017 n'est pas un simple accident de l'Histoire, c'est la rencontre imprévisible et imprévue de circonstances exceptionnelles et d'une personnalité hors normes. Un système politique s'effondrait, un conquérant hardi, venu de nulle part, surgissait. La Ve République vacillait, un aventurier du pouvoir s'imposait. La vieille société politique se décomposait, un jeune consul se proposait. S'il y a eu à cette époque un « moment Macron », c'est qu'une crise politique spectaculaire se produisait, que le pouvoir était à prendre, que Marine Le Pen menaçait, que Jean-Luc Mélenchon tempêtait, que François Fillon s'enfonçait, que Benoît Hamon disparaissait et qu'un nouveau venu de 39 ans a eu l'audace, l'intuition, l'inconscience et le talent de convertir en quelques mois une ambition en destin. Il s'agissait bien d'une fracture politique, une fracture politique béante, et il s'agissait bien d'un rapt du pouvoir. Un 18 Brumaire civil et non pas militaire, un 18 Brumaire démocratique et non pas autocratique, mais un 18 Brumaire.

Ici, une comparaison du 7 mai 2017 avec le 10 mai 1981 s'impose. Ces deux élections présidentielles ont constitué sans aucun doute les deux principales ruptures politiques au sein de la Vᵉ République. Le 10 mai 1981, la victoire de François Mitterrand a provoqué la première grande alternance politique en vingt-trois ans. Avant lui, Georges Pompidou succédant au général de Gaulle, c'était le dauphin légitime héritant de la couronne royale. Valéry Giscard d'Estaing remplaçant à son tour Georges Pompidou au palais de l'Élysée, c'était encore un Orléans après un Bourbon : un cousin. Mais François Mitterrand, le leader de la gauche vainqueur de Valéry Giscard d'Estaing, c'était plus qu'une alternance, une alternative, une autre logique économique et sociale qui s'installait, une politique européenne différente qui s'annonçait, une politique culturelle novatrice qui se proclamait, un climat politique inconnu qui s'imposait. C'était l'entrée en crise. Le 7 mai 2017, c'est au contraire l'épilogue énigmatique d'une crise politique sans précédent, l'issue ébahissante d'une tornade qui avait emporté sans pitié favoris et hiérarques, partis de gouvernement et autorités politiques, traditions et certitudes. Une tempête de sable qui avait tout balayé, tout obscurci avant de s'ouvrir sur un paysage fragile et un vainqueur inopiné. Deux césures, deux cassures, deux brisures.

Et cependant, deux fractures aux antipodes l'une de l'autre. François Mitterrand, c'est le triomphe du classicisme en politique, Emmanuel Macron c'est l'irruption du baroque. Le premier président socialiste de la Vᵉ République a vaincu à l'issue d'une longue marche entamée dès sa première candidature présidentielle de 1965, Emmanuel Macron est en revanche une nouveauté. L'un s'est appuyé sur un parti bien ancré et une alliance tumultueuse avec le Parti communiste, l'autre a improvisé une trajectoire inédite, solitaire. Le premier est un vétéran politique, le second un novice. Le natif de Jarnac possède expérience, notoriété, image. L'enfant d'Amiens n'a rien de tout cela. Le Charentais est habile, rusé, opiniâtre. Le Picard est hardi, créatif, impulsif. L'homme de Latché a une vaste culture politique, une idéologie officielle, un programme âprement débattu en public depuis près de dix ans, l'homme du Touquet est un mystère, un pari, un imprévu épique. François Mitterrand achève en réalité d'enraciner une Vᵉ République qu'il a auparavant férocement étrillée, Emmanuel Macron bouscule et force une Vᵉ République qu'il respecte et admire. En devenant chef de l'État, François Mitterrand accomplit son destin. En succédant à François Hollande, Emmanuel Macron invente le sien. L'aîné est un monarque-né pressenti de longue date, le cadet un monarque subitement révélé aux autres et à lui-même. En 1981, la grande alternance ; en 2017, la grande expérimentation. François Mitterrand ou l'archétype du politique, Emmanuel Macron ou un prototype en politique.

Il est vrai que les circonstances l'imposent. Emmanuel Macron est sans doute le produit de lui-même mais c'est aussi le produit de la plus terrible, de la plus profonde crise de la politique depuis au moins la Libération. L'actuel président est d'emblée un président de crise, une réponse à la crise, une créature de la crise. Son prédécesseur (et au départ son mentor) François Hollande vient d'être rejeté par les Français avec une violence sans précédent, une violence telle qu'il n'a même pas pu briguer un second mandat. C'est injuste, c'est en tout cas complètement disproportionné, mais c'est ainsi : François Hollande a beau, après un choc fiscal initial immensément impopulaire, mener une politique économique réaliste, une politique européenne clairvoyante, une politique étrangère et militaire courageuse, rien n'y fait. Les Français refusent une présidence « modeste », ne supportent pas le désordre de la majorité socialiste, et prennent surtout sa politique sociale pour une trahison. Ils ne le créditent ni de son impeccable comportement face aux terribles attentats de 2015, ni de sa conception démocratique du pouvoir, plus démocratique que chez aucun autre président de la Vᵉ République. Ils ne la voient même pas, ne la perçoivent même pas. Ils ne veulent plus de lui, ils ne le prennent plus en considération. Crise flagrante, crise intense.

Les Français n'ont pas davantage voulu d'un second quinquennat de Nicolas Sarkozy. Pourtant, ils reconnaissent à celui-ci un dynamisme incomparable, une énergie de feu, face notamment à la grande crise financière de 2008, une rapidité et une activité impressionnantes. Rien n'y fait. Son style cavalier leur déplaît, ses outrances les dérangent, le contrecoup inévitable sur la croissance et le chômage de la crise de 2008 venue des États-Unis est injustement porté à son débit. Son durcissement face à l'immigration choque à gauche, tout comme le faux laxisme de François Hollande choque à droite. Nicolas Sarkozy incarne la droite moderne, il est rejeté. François Hollande incarne la gauche ouverte, il est rejeté. Ce double ostracisme a une signification tragique : l'alternance démocratique n'est plus une réponse suffisante au mécontentement chronique des Français. Le jeu de l'oie constitutionnel classique – élection, état de grâce, déception, impopularité, rejet, défaite – est dépassé. La colère et le ressentiment ne suffisent plus.

Au-delà des hommes férocement critiqués, la société politique inspire de moins en moins confiance. De sondage en sondage, on mesure l'hostilité croissante, écrasante même, vis-à-vis de l'ensemble du personnel politique. Les élus sont décriés (seuls les maires en réchappent), le Parlement est dévalorisé, les présidents et les gouvernements cessent d'être respectés. On se défie de la justice et de l'administration. On conteste l'ensemble des pouvoirs politiques. La participation électorale décroît dangereusement. Les partis politiques se vident et deviennent des cibles, tout comme les syndicats. Si les institutions sont robustes, le système politique tangue, roule et prend l'eau. L'information, les journalistes, les médias ont depuis belle lurette cessé d'être considérés.

Deux forces antisystème progressent en revanche de façon de plus en plus spectaculaire, comme deux vagues funestes. À l'extrême droite, comme partout en Europe, un courant populiste et nationaliste se renforce. En France, il porte désormais le visage de Marine Le Pen ou, trois pas derrière, celui de Nicolas Dupont-Aignan. Xénophobie affleurant sous une détestation de l'islam, diabolisation de l'Europe, de l'Otan, de la mondialisation. Le monde entier est regardé et présenté comme un univers foncièrement hostile et dangereux. Le Président et le gouvernement sont dénoncés comme des traîtres et des lâches. C'est le système politique, la société elle-même qui deviennent des cibles permanentes, les ennemis du peuple. Or, bon an mal an, ce courant-là se renforce et se durcit. Il rassemble désormais 25 % à 30 % des Français. Ailleurs, tout près de chez nous, il a pris le pouvoir (Pologne, Hongrie) ou participe au gouvernement (Europe du Nord, Scandinavie, hier et demain Italie). Le national-populisme avance partout (Trump, malgré sa défaite, Poutine, Erdogan, Modi, Bolsonaro). En France aussi.

Dans le rejet, il conflue avec un populisme de gauche, au destin plus fluctuant mais qui, grâce au talent et au verbe fracassant de Jean-Luc Mélenchon, est parvenu à frôler les 20 % de voix au premier tour de l'élection présidentielle de 2017. Il y a de ce côté-là également indignation contre la société, rejet des gouvernants et du système politique. Sur bien des plans, il se différencie profondément du national-populisme mais il y a convergence dans le rejet, sinon dans le projet. En 2017, au premier tour de l'élection présidentielle, les deux branches du populisme ont donc frôlé la barre des 50 %. La majeure partie de l'électorat populaire a basculé de ce côté-là. S'il y avait besoin de démontrer l'ampleur de la crise politique, l'ascension continue du populisme en administrerait aisément la preuve.

Il faut ajouter à cela une autre force puissamment antisystème, constamment renforcée : celle des réseaux sociaux. Désormais, la moitié des Français et plus des trois quarts des jeunes y ont régulièrement recours. Dans l'univers politique, ils pèsent d'un poids sans cesse croissant dont on a pu mesurer les effets pour la première fois à l'occasion du référendum constitutionnel européen de 2005 (ils ont alimenté et fortifié le « non »), puis de chaque élection et de chaque mouvement social. Tout le monde a pu le constater : l'élection présidentielle de 2017 a juxtaposé deux campagnes, une campagne classique sur les médias traditionnels ou émergents (l'information continue), et une campagne parallèle, souterraine, virulente, déchaînée, sur les réseaux sociaux. Comme si une forme de démocratie directe clandestine rivalisait avec la démocratie représentative officielle.

Or le propre de ces réseaux sociaux est d'investir et de submerger les territoires de l'irrationalité, du fantasme, du complotisme et malheureusement de la haine, de l'injure, du mensonge et de la diffamation. Les populismes en sont évidemment les grands bénéficiaires et les représentations politiques classiques en deviennent les victimes perpétuelles. Rejet des institutions, rejet des forces politiques, rejet des médias, rejet des élites, rejet en somme du système politique global : il y a bien crise politique profonde, crise politique morale, institutionnelle, donc systémique, la plus grave et la plus anxiogène depuis le début de la Ve République. C'est dans ce cadre politique là qu'a éclos la candidature d'Emmanuel Macron. Son élection est bien une élection de crise, une réponse dans l'urgence, en ce sens une élection dramatique. Plus que n'en ont eu conscience les Français, les commentateurs et peut-être les candidats eux-mêmes.

D'autant qu'à cette fracture politique entre électeurs et élus s'ajoute une fracture sociale et sociétale non moins profonde, évidemment jumelle. Crise ou métamorphose ? La métamorphose commence en tout cas par la crise, telle est la situation actuelle de la société française comme d'ailleurs celle des sociétés voisines. Les deux piliers politiques majeurs de la Ve République, le gaullisme et le communisme, qui structuraient la société politique, se sont fissurés puis effondrés quand le XXe siècle s'achevait. Le Parti communiste n'a pas survécu à la société de consommation, à l'individualisme croissant et à l'effondrement de l'empire et du mythe soviétique. Dès les années 1990, il s'est décomposé et avec lui le tissu sociétal qu'il avait si patiemment construit, ce qu'Annie Kriegel avait nommé « la contre-société communiste ». Communes, syndicats, associations d'anciens combattants, de vétérans, de jeunes, d'étudiants, d'intellectuels, de femmes, d'agriculteurs, avec une presse aux multiples périodiques, des centres de formation pour les militants, des voyages collectifs, des centres de vacances. Un univers. Tout cela s'est disloqué, démembré, marginalisé.

Le gaullisme, lui, avait besoin d'un chef, d'un prestige, d'un projet, d'un parti de masse. Il devait être la colonne vertébrale de la société politique sous la Ve République. Cette grande ambition n'a pas survécu au général de Gaulle, à ses barons, aux pères fondateurs. À partir de la première alternance et de la première cohabitation, le parti gaulliste s'est banalisé, délégitimé, débaptisé. Il a cessé d'être le parti de la Ve République pour devenir un parti dans la Ve République. Il a mué après 1981, se réduisant à une formation de droite classique, bien loin des ambitions gaulliennes et encore pompidoliennes. Il est devenu le pendant français de la CDU allemande, des conservateurs britanniques. Un parti, une culture, une mémoire, une sensibilité, mais un parti parmi d'autres, un parti comme les autres. La religion gaulliste s'est ainsi sécularisée, au même pas que l'ensemble de la société. Sécularisée, banalisée, donc rétrogradée et parfois même marginalisée. Effacement des deux piliers politiques originels de la Ve République.

Simultanément, d'autres contreforts et d'autres voûtes de la société française se sont délabrés, dégradés, fissurés. Il ne s'agit pas d'organiser leurs obsèques, de convoquer les pleureuses et de porter le grand deuil. Les sociétés évoluent, se transforment avec de brusques accélérations, généralement inconfortables, des secousses, des résistances, des batailles, des blessures et des pleurs. Disons que le début du XXIe siècle correspond à l'une de ces accélérations. Des valeurs s'érodent, des traditions disparaissent, plus ou moins doucement, des mœurs se métamorphosent, les relations sociales se transforment, des solidarités s'évanouissent, d'autres comportements, d'autres convictions, d'autres valeurs, d'autres aspirations se manifestent.

C'est ainsi que le catholicisme, jadis et naguère religion dominante et même hégémonique, a perdu en un demi-siècle son statut, sa puissance, beaucoup de ses ouailles et la plupart de ses prêtres. Il irradiait la société française, il en forgeait les préceptes et les mœurs, il formait les esprits, il éduquait, il informait à travers une presse alors très puissante, il soignait grâce à son réseau d'hôpitaux privés et de cliniques, il recueillait les personnes âgées en situation de détresse. Il fortifiait son ascendant spirituel par un maillage social étroit. Il mariait foi, charité, autorité et morale. Aujourd'hui, le catholicisme n'a pas épuisé toutes ses cartes. Ses fidèles, capables de s'organiser en manifestations massives pour défendre leurs principes et leurs valeurs, parviennent encore à rassembler dans la rue nettement plus de monde que les syndicats, infiniment plus que les partis politiques. Il continue à former, souvent avec efficacité, le quart des élèves du primaire et du secondaire. Ses établissements d'enseignements technique et supérieur sont appréciés, son réseau hospitalier aussi. En somme, il est passé du statut de puissance dominante dans la société à celui de première minorité de France, peut-être la plus active.

Mais le catholicisme ne fait plus la loi, le droit et la morale. L'extension, la banalisation, la simplification du divorce ; l'instauration et la réussite du Pacs, l'adoption et la mise en œuvre du mariage homosexuel ; l'évolution des esprits à propos de la fin de vie, de l'accompagnement vers la mort, la réflexion en cours sur le suicide assisté ; les ambitions sans cesse croissantes de la recherche génétique : autant de défaites et de douleurs pour le catholicisme français. D'autant plus que s'il demeure de très loin la première religion française, il vit ou il survit dans une France spectaculairement laïcisée et sécularisée. L'individualisme-roi, le déclin symétrique de la notion de bien commun, si catholique, c'est aussi sa défaite et sa souffrance. Et si l'islam est bien loin de pouvoir rivaliser avec son influence, son prestige, ses moyens et surtout son statut, les mosquées se remplissent quand les églises se vident.

On peut y ajouter l'érosion spectaculaire des autorités traditionnelles. La France des notables n'existe plus, ou si peu. Dans les campagnes, le châtelain, le notaire, le médecin, concurrencés par la télévision et les réseaux sociaux, n'ont plus du tout le poids qu'ils avaient. Les élites, rurales ou urbaines, ont perdu une bonne part de leur prestige. Dans le désordre social qui s'installe et prolifère, elles deviennent bien plus des cibles et des boucs émissaires que des boussoles ou des références. Quant au corps enseignant, jadis et naguère si respecté, si influent, symbole et vecteur de l'ascension sociale, le voilà sans cesse contesté, rabaissé, de surcroît appauvri. L'instituteur n'est plus le maître, le professeur n'est plus le mentor, le proviseur n'est plus le demi-dieu. Quant aux magistrats, ils deviennent un sujet permanent de polémiques et de controverses, voire, pire, de défiance et de déception.

Effondrement du communisme français, épuisement de la geste gaullienne, déclassement du catholicisme, ébranlement de toutes les autorités, c'est dans ce décor vacillant que s'est préparée la campagne présidentielle de 2017. Crise de la politique, rejet des partis de gouvernement, méfiance vis-à-vis des institutions, animosités et rancœurs à l'égard des élites, suspicion et désenchantement s'abattant sur les principaux présidentiables, montée des périls populistes, c'est une société politique fragile et incertaine qui va servir de cadre à l'iconoclaste chevauchée d'Emmanuel Macron. Le futur vainqueur a su tracer son chemin à travers un système politique déréglé, une société civile mécontente et anxieuse, bref, au-delà de l'apparente robustesse des institutions de la Vᵉ République, un paysage étrangement, silencieusement liquide. Donc, sinon offert, du moins disponible.

D'autant plus qu'allait se révéler une conjoncture électorale incroyablement favorable à une candidature inédite, non conformiste et même totalement atypique, galopant hors des sentiers battus de la conquête présidentielle traditionnelle. Une conjoncture taillée sur mesure pour un candidat symbolisant la nouveauté, la jeunesse, le mépris des idéologies classiques, le rejet des partis installés, la rupture avec les rites et les traditions, la fracture avec les héritages politiques et avec les fidélités personnelles. Une conjoncture taillée pour lancer un prototype non contrôlé, non breveté, non estampillé et même non immatriculé. Le prototype Macron.

Pour commencer, lui qui vient de la gauche ou plus exactement lui qui en sort va avoir affaire à une famille politique en train de sombrer, une gauche en pleine déliquescence. De ce côté-là, il n'y aura pas de montagnes bien redoutables à franchir, ce qui constitue un rare privilège. La première étape de toute candidature présidentielle consiste en effet à s'imposer au sein de son propre camp. C'est souvent là que se nichent pièges et chausse-trapes, rivalités acides et manœuvres assassines. D'ailleurs, la phase de qualification pour la candidature présidentielle dure beaucoup plus longtemps que la campagne proprement dite des prétendants officiels. Elle comporte davantage de rebondissements et d'inconnues, d'obstacles et d'embuscades. Or Emmanuel Macron en a été sinon dispensé, du moins substantiellement allégé.

Il venait d'un gouvernement de gauche réformiste, même s'il n'arborait aucun sigle et aucune casaque. Auparavant, il avait, on l'a vu, accompli très jeune un petit tour chez les chevènementistes, puis, mûrissant, avait approché les cercles rocardiens, enfin, son ambition se dessinant en silence, était entré dans l'équipe de François Hollande, puis en bonne place dans la hiérarchie du palais de l'Élysée pour être appelé par le Président et par le Premier ministre Manuel Valls à la tête du ministère de l'Économie. De moins en moins socialiste, de plus en plus émancipé, chaque année plus réformateur et moins orthodoxe, chaque année plus original et plus inclassable. La pire des positions s'il avait eu besoin de l'investiture d'un parti, la situation la plus vulnérable s'il avait dû s'assurer l'appui des hiérarques et des fédérations, mais la meilleure s'il s'agissait d'être le plus libre possible de ses mouvements. Ce fut le cas.

Sa bonne fortune a tenu à ce stade au fait qu'il était inclassable, résolu et séduisant mais aussi, mais surtout, à l'agonie de la gauche officielle. Il a pu se frayer une voie d'autant plus aisément que les obstacles se levaient les uns après les autres devant lui. La logique de la Ve République et la tradition politique, toujours respectées jusqu'alors, voulaient que le Président achevant un premier mandat se représentât pour un second mandat. Le général de Gaulle avait donné l'exemple, inaugurant en 1965 l'élection du chef de l'État au suffrage universel, en sollicitant les suffrages des Français pour un deuxième septennat. Georges Pompidou, disparu prématurément cinq ans après son entrée en fonctions, n'avait pu l'imiter. Valéry Giscard d'Estaing, en revanche, se battit pour un second mandat qui lui fut, comme on sait, refusé. François Mitterrand, Jacques Chirac, le firent, eux, avec plus de bonheur, à l'issue il est vrai de cohabitations qui les remettaient paradoxalement en selle. Nicolas Sarkozy, après eux, fit de même et, comme Valéry Giscard d'Estaing, fut battu. Lorsque Emmanuel Macron est entré au gouvernement en août 2014, il allait de soi que François Hollande se représenterait. Peut-être, sans doute, serait-il battu à son tour, mais non sans avoir vaillamment combattu. Or, l'immense nouveauté, si favorable à Emmanuel Macron, fut que François Hollande, le président sortant, n'eut pas même la possibilité de tenter sa chance et que son ex-ministre de l'Économie put et sut profiter de cette anomalie à laquelle il ne fut d'ailleurs pas étranger.

À l'issue de l'année 2015, François Hollande gardait encore espoir de se représenter, peut-être même de l'emporter. À ce stade, Emmanuel Macron ne pouvait pas imaginer, pas davantage que les meilleurs experts politiques, qu'il en irait autrement. Il se contentait, si l'on peut dire, d'espérer s'imposer rapidement comme la nouvelle étoile du gouvernement. Le Président n'avait-il pas pour lui une prédilection particulière ? N'avait-il pas compris, en le nommant secrétaire général adjoint de la présidence de la République, n° 2 de l'état-major élyséen chargé notamment de l'économie, puis ministre de l'Économie, qu'il tenait là un nouvel atout, un renfort bienvenu ? Emmanuel Macron n'était-il pas apparu rapidement au sein du gouvernement, en quelques mois, comme une touche inédite de modernisme, d'originalité et de jeunesse, de surcroît visiblement doué pour faire parler de lui et sachant séduire journalistes, parlementaires comme chefs d'entreprise ? C'est d'ailleurs pour cette raison que le Premier ministre Manuel Valls avait proposé son nom avec insistance, soucieux de renforcer le pôle le plus réformiste, le plus libéral-social de son équipe.

En décembre 2015, si François Hollande est en évidente difficulté, tout n'est pas perdu. Il vient de faire face aux terribles attentats de novembre avec un sang-froid, une détermination et une humanité qui ont été salués de toutes parts. Il annonce des mesures d'une grande fermeté. À la conférence du Bourget, l'accord de Paris sur le climat passe pour un succès. Les élections régionales ont vu le Parti socialiste reculer et perdre des bastions (la région PACA, les Hauts-de-France), mais sans s'effondrer. 23 % des votes, ça n'est pas si mal. Un sondage IFOP pour le *Journal du dimanche* le crédite alors de 22 % des intentions de vote face à 21 % pour Nicolas Sarkozy : il peut encore envisager de se qualifier pour un duel très gagnable avec Marine Le Pen en 2017. La situation est grave, mais pas désespérée.

Tout bascule, se dérègle et se disloque en 2016. Dès janvier, Christiane Taubira, garde des Sceaux mais surtout icône de la gauche intellectuelle et morale, démissionne avec fracas du gouvernement, scandalisée par la tentative présidentielle d'instaurer la déchéance de nationalité pour les terroristes binationaux. C'était censé plaire à la droite et cimenter l'union nationale après les attentats, cela fait se dresser dans une commune indignation communistes, écologistes, frondeurs socialistes, associations humanitaires et presse de gauche, laquelle, déjà hostile à la politique économique et sociale du chef de l'État, trop libérale à son goût, se déchaînera désormais contre François Hollande. Ensuite, la loi travail portée par Myriam El Khomri déclenche la fureur des syndicats, provoque une série de manifestations houleuses et fait se dresser contre le Président toute l'aile gauche du PS, frondeurs en tête. Ces derniers deviennent des procureurs de plus en plus systématiques et violents. Ils iront jusqu'à vouloir signer une motion de censure contre leur propre gouvernement. Ils étalent les fractures de la majorité et contribuent à convaincre l'électorat de gauche qu'il est trahi par le pouvoir. Plus François Hollande et le gouvernement se veulent réformistes et modernisateurs, plus l'aile gauche du PS se radicalise et fait sécession. L'adoption de la loi El Khomri par le célèbre article 49-3 après des semaines de polémiques est présentée par les opposants de droite et par le gros de la gauche comme un « coup d'État ». C'est absurde et naturellement faux. La plupart des gouvernements, de gauche comme de droite, ont déjà employé cet article pour forcer la main d'une majorité rebelle, surmonter des divisions ou dompter l'opposition. Il est justement fait pour cela. En 2016, son emploi est présenté par ses adversaires et ressenti par la majorité de l'opinion comme une provocation politique et une anomalie constitutionnelle. Le divorce entre François Hollande, sa majorité et son électorat se creuse vertigineusement. « Nuit debout », qui rassemble toutes les branches et les diverticules du gauchisme, rencontre un certain succès avec ses réunions nocturnes sur des places publiques. La popularité du Président plonge à des profondeurs jusqu'alors inconnues. Un pouvoir se décompose.

Des signes ne trompent pas. Au fil d'une tribune retentissante dans *Libération*, dès janvier 2016, un groupe d'intellectuels de gauche et de francs-tireurs politiques (Daniel Cohn-Bendit, Yannick Jadot, Thomas Piketty, Romain Goupil, Hervé Le Bras, etc.) appellent à une primaire unique de toute la gauche. Il s'agit bien entendu de susciter une candidature de substitution à celle de François Hollande. Jean-Luc Mélenchon, lui, prend au contraire les devants et déclare sa candidature présidentielle en février, enterrant sans hésiter le Front de gauche qu'il formait avec le PC, créant bientôt son propre mouvement, « Les Insoumis ». L'extrême gauche a donc, d'ores et déjà, son principal candidat qui fait feu de tout bois, parfois au-dessous de la ligne de flottaison, contre François Hollande. Le PC est marginalisé et quasiment tenu en laisse par l'éclatant et ombrageux tribun, en l'occurrence bon tacticien. Le PS, désespéré et déchiré, cherche une parade sous la houlette de son Premier secrétaire, Jean-Christophe Cambadélis. Il ne trouve en juin 2016 qu'une improbable « Belle alliance populaire », ouverte aux socialistes, aux écologistes (sans espoir) puis aux radicaux de gauche afin d'organiser une primaire. François Hollande, est-il avancé, pourrait y participer. Chimère désobligeante : un président sortant affrontant une primaire au sein de sa propre majorité, un président de surcroît en délicatesse avec les militants, ce serait quasiment une dégradation sur le front des troupes. Absurde et humiliant.

En fait, François Hollande, excellent analyste comme chacun sait, est conscient de la précarité de sa situation. Il ne renonce pas. Il prépare activement un livre promis à un gigantesque retentissement avec deux journalistes du *Monde*, limiers aussi redoutables qu'implacables. Objectif : coup de tonnerre au moment où il se déclarera. Par ailleurs, il suscite deux colloques, l'un en mai, l'autre (annulé) en septembre. Il publie un long entretien dans la très chic revue intellectuelle désormais disparue *Le Débat*. Il est conscient de l'extrême étroitesse du « trou de souris » par lequel il pourrait encore se faufiler.

Il se pose sérieusement des questions depuis le début de l'année sur la loyauté et sur les ambitions d'Emmanuel Macron. Certains de ses plus proches et de ses plus fidèles comme Michel Sapin, ministre des Finances, son ami de toujours, comme Stéphane Le Foll, ministre de l'Agriculture, porte-parole du gouvernement, ou comme

Bernard Cazeneuve, ministre de l'Intérieur, dont le comportement exemplaire face aux attentats en fait la valeur montante du gouvernement, tous le mettent en garde avec insistance depuis plusieurs mois. Le Président n'est pas naïf. Il voit bien qu'Emmanuel Macron s'affirme et s'émancipe. Il constate sa singulière popularité au milieu du grand désamour de la gauche. En fait, il l'a vu grandir à ses côtés, en apparence à son service. Il le regarde comme le plus doué de ses collaborateurs mais la différence d'âge qui les sépare (vingt-trois ans, une génération), la différence de statut aussi, l'aveuglent. Il est victime du syndrome de Pygmalion. Il croit pouvoir faire d'Emmanuel Macron une arme précieuse à son service durant la campagne : un élargissement de sa base électorale sur la droite au moment où son aile gauche se dérobe, un renfort juvénile, parlant à cette famille sociale libérale qui émerge, un premier ministrable moderne et ouvert, sur le modèle de ce que fut Michel Rocard pour François Mitterrand durant la campagne présidentielle de 1988. Il a cru trop longtemps, il n'était pas le seul, qu'Emmanuel Macron était un atout, alors qu'il devenait un rival. Il a même pensé, non sans raison, qu'Emmanuel Macron pouvait être employé à contenir l'envie croissante de Manuel Valls de se mettre sur les rangs en lieu et place du chef de l'État devenu trop impopulaire. En somme, Manuel Valls mesurait depuis un an qu'Emmanuel Macron menait sa propre stratégie, envahissait son espace politique, l'aile droite du PS, et risquait de vouloir voler de ses propres ailes. Dès 2015, Manuel Valls avait des doutes. François Hollande, lui, a attendu le début 2016. Ainsi, Emmanuel Macron est parvenu à s'affirmer aux dépens d'abord de Manuel Valls, puis de François Hollande. À visage découvert vis-à-vis du premier, dans l'ombre ou la pénombre à l'égard du second.

Il faut reconnaître en effet qu'il a été beaucoup plus transparent à l'égard du Premier ministre que du Président. Lorsque Manuel Valls a été nommé chef du gouvernement en remplacement de Jean-Marc Ayrault, le 31 mars 2014, il a proposé à François Hollande de faire entrer Emmanuel Macron au gouvernement. Le Président le préférait au palais de l'Élysée et n'a pas donné suite, mais quand, quelques mois plus tard, Arnaud Montebourg a provoqué une crise ministérielle par l'une de ses outrances rituelles et a dû quitter le gouvernement – c'était le 25 août –, Emmanuel Macron a été cette fois nommé ministre de l'Économie. Début de sa carrière politique dans le sillage de Manuel Valls et sous les auspices de François Hollande. Il affiche aussitôt son originalité. Une interview au *Point* (réalisée auparavant) le révèle critique sur les « 35 heures » et sur le statut de la Fonction publique, donc à l'aile droite du gouvernement. Il est chargé de défendre, c'est logique, la loi pour la croissance et s'y emploie avec énergie et une impressionnante capacité à séduire les députés, même frondeurs, et à nouer de solides relations. Il est actif, habile, imaginatif. Il est aussi très ambitieux et ne se contente pas d'être un ministre technicien.

Il veut faire voter sa loi et arracher lui-même chaque voix. Première anicroche avec Manuel Valls : pour plus de sûreté, le Premier ministre préfère utiliser le 49-3. Le ministre de l'Économie ne cache pas sa déception et sa frustration. Il distille des propos qui, sous couvert d'analyses historiques, ont d'étranges résonances politiques. Il vante la verticalité du pouvoir, soutient que les Français ont la nostalgie de la monarchie. Cela agace Manuel Valls qui fait de sa fermeté républicaine une affiche clémenciste. Voilà qu'il se découvre un concurrent plus littéraire et plus original que lui sur son terrain d'élection. C'est imprévu et irritant.

Quand François Rebsamen quitte le ministère du Travail pour reprendre les rênes de sa mairie de Dijon, Emmanuel Macron plaide pour rassembler sous sa houlette ministère de l'Économie et ministère du Travail. Il a décidément de l'appétit mais ne peut le satisfaire : cela lui est refusé. Il hérisse les syndicats et veut, aux yeux de François Hollande, aller trop loin. À ceux de Manuel Valls, il va surtout trop vite et trop haut. Trop ostensiblement autonome : n'a-t-il pas, face à la grande crise de l'immigration, laissé percer de la sympathie pour la générosité d'Angela Merkel, alors que le gouvernement français prend une position nettement plus restrictive ? Rien de cela ne se fait en catimini, rien d'hypocrite vis-à-vis de Manuel Valls, rien qu'une indépendance sans cesse accrue et une rivalité affleurante. D'ailleurs, dès le début 2016, Emmanuel Macron fait comprendre à François Hollande qu'il briguerait volontiers la succession du Premier ministre. Il y a désormais deux prétendants à l'incarnation de la gauche moderne, Manuel Valls et Emmanuel Macron. Compétition qui ne se dissimule pas. C'est un duel à la loyale mais si Manuels Valls est le Premier ministre, Emmanuel Macron devient l'homme à la mode. Plus neuf, plus jeune, plus original et même plus populaire, bien qu'en somme il n'ait pas fait ses preuves (la « loi Macron » avec ses lignes de bus et l'ouverture des magasins le dimanche ne suffit pas). Ou peut-être justement pour cela, parce qu'il n'a pas eu à prendre les mesures parfois inévitablement impopulaires d'un Premier ministre en période tumultueuse. Emmanuel Macron devient déjà le challenger virtuel de Manuel Valls.

Avec François Hollande, les choses sont en revanche moins claires, moins nettes, moins assumées. En fait, moins franches et moins fair-play. Le Président veut faire d'Emmanuel Macron un atout. Emmanuel Macron veut faire du Président un tremplin. François Hollande, en terrible difficulté, voit désormais en lui plus qu'en Manuel Valls le visage de son aile droite électorale. Le jeune ministre a l'œil perçant et les dents longues. Il ne croit plus à la victoire du chef de l'État, il entrevoit une ouverture possible, un pari certes inouï, sans précédent, mais puisque le décor s'effondre, pourquoi ne pas se saisir du premier rôle au nez et à la barbe des vedettes ? Alors, en mars 2016, un dimanche soir, Emmanuel Macron va voir François Hollande au palais de l'Élysée et lui annonce qu'il veut lancer un mouvement, surtout pas un parti souligne-t-il, mais un mouvement qui permettrait d'élargir la majorité vers le centre et d'attirer un électorat friand de modernité et ouvert au changement raisonnable. Le Président choisit de laisser faire, tout en surveillant de près l'opération. Après tout, les renforts possibles sont aussi rares que nécessaires. François Hollande est dubitatif, Manuel Valls, furieux.

On connaît la suite. La presse entre en effervescence, en transe même. Les spéculations se multiplient. Est-ce un leurre, un météore, un avatar ? Les sondages s'affolent. Ils le hissent aussitôt devant François Hollande. Emmanuel Macron proclame encore que « François Hollande est le candidat naturel [...] et souhaite, bien sûr, qu'il se représente ». Mais le 6 avril, dans sa ville natale d'Amiens, il lance le mouvement En Marche !, tiré de ses propre initiales (comme certains le remarquent) sur le mot d'ordre « ni à gauche, ni à droite » qui deviendra bientôt « et à gauche et à droite ». Devant le bruit infernal, François Hollande précise à la télévision qu'il fera connaître sa décision concernant sa candidature avant la fin de l'année. À propos de son jeune et remuant ministre de l'Économie, il lâche : « Il sait ce qu'il me doit. » La semaine suivante, Emmanuel Macron réplique : « je ne suis l'obligé de personne », tout en assurant le Président que ses propos ont été déformés. En fait, les équipes nombreuses et enthousiastes qui se précipitent vers Emmanuel Macron travaillent déjà jour et nuit sur le programme et sur l'organisation. Le même mois à Orléans, invité à célébrer Jeanne d'Arc, le ministre encense « le rêve fou qui s'impose comme une évidence » pour « fendre le système » et rassembler la France : transparent. Le 12 juillet, premier meeting à la Mutualité, rumeur de candidature. Emmanuel Macron dément mais la foule scande « Macron Président » et lui-même lance : « Plus rien n'arrêtera le mouvement de l'espoir. Nous le porterons ensemble jusqu'en 2017 et jusqu'à la victoire. » Cette fois, il ne peut plus être question de faux-fuyants ou de malentendus. À la veille du 14 juillet, François Hollande, définitivement décillé, intime à Emmanuel Macron l'ordre de choisir entre soumission et démission. Il faudra attendre en réalité la fin août en raison des attentats de Nice et de Saint-Étienne-du-Rouvray. Ils se revoient encore le 23, le cadet expliquant maintenant ouvertement à son aîné qu'il veut construire une nouvelle offre politique. Le 30 août, Emmanuel Macron quitte le gouvernement pour se consacrer totalement à sa candidature, officialisée le 16 novembre.

Dans l'affaire, Emmanuel Macron a été plus habile que franc et plus rusé que transparent. François Hollande, lui, espérant qu'Emmanuel Macron serait peut-être son Grouchy, n'a pas pu l'empêcher de devenir son Blücher. Le jeune ministre, explorant les territoires pour lui vierges de la politique, est parvenu à abuser le plus expérimenté des tacticiens. Plus, beaucoup plus : en manœuvrant comme il l'a fait, en avançant, en abusant, il a empêché François Hollande de tenter d'ultimes initiatives pour se représenter. Le Président était certes affaibli comme aucun de ses prédécesseurs, mais Emmanuel Macron le prenant de vitesse lui a coupé toute issue. Par la même occasion, il a barré le chemin de Manuel Valls. Il fallait pour cela une extrême audace, une étonnante intuition lui faisant pressentir que, sur les ruines du Parti socialiste, il devenait possible de construire une alternative. Il y fallait aussi une détermination de fer. François Hollande, accablé de surcroît par les réactions volcaniques à la sortie de son fameux livre *Un président ne devrait pas dire ça*, n'a plus qu'à annoncer le 1er décembre qu'il renonce à être candidat, ce qu'il fait d'ailleurs avec une parfaite dignité.

Quant à Manuel Valls, candidat quatre jours plus tard, il part avec un trop lourd handicap, comme dans une charge héroïque et désespérée qu'il conduit d'ailleurs avec plus de bravoure que d'adresse. Il doit s'astreindre, lui, le Premier ministre sortant, à participer à l'élection primaire organisée par le PS et ses derniers alliés. Elle a lieu les 22 et 29 janvier 2017. Bien trop tard pour susciter un ultime élan. Il y a beaucoup moins d'électeurs que pour la primaire de la droite, mais sept candidats. Deux se détachent, Manuel Valls et son ancien ministre dissident Benoît Hamon. Humiliation suprême, c'est le second qui prend la tête avec 36 % des suffrages contre 31,5 % pour l'ancien Premier ministre. Au deuxième tour, Benoît Hamon s'impose aisément (58,69 % contre 41,31 % pour Manuel Valls). L'ex-ministre frondeur mène une campagne ancrée très à gauche, généreuse, idéaliste, générationnelle (revenu universel, transition écologique au galop, réformes institutionnelles radicales). Après son investiture, il suscite un moment l'intérêt, doublant même fugitivement Jean-Luc Mélenchon dans les intentions de vote. Cela ne dure pas, il n'a ni la stature ni la véritable légitimité. Il se marginalise rapidement jusqu'à s'effondrer le 23 avril, au premier tour de l'élection présidentielle, avec le score désespérant de 6,4 % des suffrages exprimés. La pire déroute socialiste depuis l'élection présidentielle de 1969 et les 5 % de Gaston Defferre. Au moins François Hollande a-t-il évité cette humiliation-là.

En revanche, Jean-Luc Mélenchon accomplit une bien belle performance. En 2012, il avait obtenu 11,1 % des voix, en 2017, il rassemble 19,6 % des suffrages exprimés. À un mois du premier tour de l'élection présidentielle, on se demande même un instant s'il peut se qualifier pour le second. Le spectre d'un duel Jean-Luc Mélenchon-Marine Le Pen fait alors frissonner plus d'un électeur ou d'un dirigeant. Le leader de la gauche radicale a effectivement réussi une étonnante campagne, la plus marquante après celle d'Emmanuel Macron. Ses qualités de tribun charismatique ont fait merveille. Sa manière inimitable d'apostropher ses auditeurs « Eh vous, les gens » a frappé. Il a défendu son honorable et antique utopie (sortir du marché, de l'Europe, de l'Otan, du productivisme, de l'univers) avec les méthodes les plus modernes et les plus imaginatives. Il a littéralement effacé les communistes et les trotskystes du paysage. Principale ombre à ce tableau, il s'est montré exécrable perdant, tardant à reconnaître les résultats, refusant de prôner le vote Macron contre Marine Le Pen. Le doyen des candidats s'est alors comporté comme un enfant boudeur.

Le bilan global de la gauche est un naufrage : 43,7 % des voix au premier tour de l'élection présidentielle de 2012, 27,7 % au premier tour de l'élection présidentielle de 2017. Emmanuel Macron a kidnappé la gauche réformiste en moins d'un an. Il a coupé net toute issue de secours à laquelle pouvait encore rêver François Hollande. En préemptant l'ensemble du terrain électoral sur lequel lorgnait Manuel Valls, il a écrasé Benoît Hamon et découragé Yannick Jadot. Il a annexé sans coup férir le domaine centriste, convainquant François Bayrou de renoncer à être un rival pour devenir un allié. Certes, la gauche et le centre savaient bien que leurs chances à l'élection présidentielle de 2017 étaient minimes. Emmanuel Macron a osé fracasser une gauche réformiste agonisante et un centre asthénique. Il fallait beaucoup de témérité et de séduction, de clairvoyance et de confiance, un grand mépris des règles politiques ordinaires et surtout une perception intense de la grande crise qui rôdait. Une intuition unique, une audace remarquable.

En revanche, s'il a conquis victorieusement les territoires appauvris de la gauche et du centre, il n'est pour rien dans l'effondrement de la droite. La gauche savait bien qu'elle était condamnée, la droite n'imaginait même pas qu'elle pût perdre. À un an de l'élection présidentielle, quand Emmanuel Macron est entré en lice, la droite n'était pas seulement favorite ; elle était victorieuse. Tout jouait en sa faveur : les derniers mois crépusculaires de François Hollande malgré les premiers résultats en matière de chômage, la fringale de sanctions qui envahissait les Français, le désir d'alternance, le privilège de pouvoir mettre sur les rangs des candidats à la stature imposante, Nicolas Sarkozy, Alain Juppé, François Fillon. Au printemps 2016, les Français ne doutaient pas un instant que la droite allait gagner, que la droite était invincible. Le grand mérite, la grande chance aussi d'Emmanuel Macron, est de s'être néanmoins élancé dans la bataille en outsider intrépide, malgré les pronostics, le rapport des forces apparent, le renom des champions de la droite et la déliquescence de son camp d'origine. Emmanuel Macron a moins battu la droite qu'elle ne s'est battue elle-même. Encore fallait-il, ne partant de rien, sans parti, sans mandat, sans expérience, sans image personnelle, sans légitimité, oser affronter des adversaires aussi intimidants et prendre le risque d'être balayé, voire humilié.

Électoralement, la droite est incontestablement en position de force. Nicolas Sarkozy, battu en 2012 (finalement d'assez peu), la droite a pris sa revanche tout au long du mandat de François Hollande : victoire écrasante aux élections municipales de 2014, nette victoire aux élections cantonales de 2015, puis aux élections régionales de la même année. Au début de l'année 2016, les sondages placent régulièrement en tête des intentions de voix pour l'élection présidentielle Marine Le Pen et le candidat de la droite, promesse d'un duel droite-extrême droite pour le second tour. Pour la droite donc, tout se présente bien en 2016 : forte grogne sociale, rejet de la gauche, faiblesse électorale du Président, fringale de sanctions, double traumatisme du tsunami migratoire de 2015 et des attentats qui ont douloureusement frappé la France.

Encore faut-il éviter de tomber une fois de plus dans le piège de ces guerres fratricides qui opposent en combats à mort, grande spécialité de la droite, les meilleurs champions du même camp : Giscard-Chirac en 1981, Barre-Chirac en 1988, Chirac-Balladur en 1995. Or, les plaies de la bataille furieuse qui a opposé en 2013 François Fillon à Jean-François Copé pour la présidence de l'UMP sont encore ouvertes. De plus, Nicolas Sarkozy est revenu dans le jeu en reprenant haut la main en 2014 la tête de l'UMP qu'il rebaptise bientôt Les Républicains. Il a déjà annoncé sa candidature à l'élection présidentielle, tout comme Alain Juppé. Dès lors, il faut se résoudre à organiser, pour la première fois à droite, des élections primaires. Elles auront lieu en novembre 2016. Elles seront « ouvertes », c'est-à-dire que les électeurs seront les sympathisants et non pas les militants. La méthode a très bien réussi aux socialistes pour l'élection présidentielle de 2012 : exercice démocratique, large couverture des médias audiovisuels avec des débats à la télévision très prisés des Français, légitimité incontestable du vainqueur, ce qui en théorie garantit un avantage moral. Ce doit être un succès, mais cela tourne au drame. Il y a en effet sept candidats mais trois favoris : Alain Juppé, Nicolas Sarkozy, François Fillon. Depuis le début de l'année, Alain Juppé, le plus rassembleur, le symbole de la droite modérée et européenne susceptible d'attirer aussi les centristes, domine dans les sondages. Il devance nettement Nicolas Sarkozy et écrase François Fillon. Or celui-ci, dès son entrée en campagne le 30 août dans sa bonne ville de Sablé, tire à boulets rouges contre ses deux concurrents, s'exclamant « avoir une haute idée de la politique signifie que ceux qui briguent la confiance des Français doivent en être dignes… Il ne sert à rien de parler d'autorité quand on n'est pas soi-même irréprochable. Qui imagine le général de Gaulle mis en examen ? ». Alain Juppé, jadis condamné trop lourdement pour des faits dont le vrai responsable était Jacques Chirac, s'étrangle de rage. Nicolas Sarkozy, alors aux prises avec la justice à propos de plusieurs dossiers, fulmine. Aucun des deux ne le pardonnera à François Fillon. Le climat devient aussitôt orageux et même électrique.

En fait, dix jours avant le vote, le 20 novembre, l'ordre d'arrivée semble toujours le même, mais l'avance d'Alain Juppé a fondu et François Fillon se rapproche à une vitesse phénoménale. Le jour du scrutin, énorme surprise : François Fillon caracole en tête (44 %, largement devant Alain Juppé avec 28,6 % des voix, à trois longueurs Nicolas Sarkozy avec 20,7 % des suffrages). La semaine suivante, au second tour, François Fillon l'emporte sans coup férir (66,5 %, contre 33,5 % pour Alain Juppé). Démocratiquement, c'est un triomphe (jusqu'à près de 4,4 millions de votants au second tour), politiquement, c'est un désastre. Nicolas Sarkozy est humilié, Alain Juppé est stupéfait. En fait, le maire de Bordeaux, tenant aisément la tête, a été la cible de tous et en particulier celle de l'ancien président de la République qui a ainsi, sans le vouloir et même à sa grande rage lorsqu'il s'en avise, servi les intérêts de François Fillon. Quant à Nicolas Sarkozy, justement, plébiscité plus que jamais par les militants, il est désormais redouté par les électeurs, ceux-ci bien plus modérés et conformistes que ceux-là. Surprise inouïe : François Fillon, si retenu, si prudent, si policé, si convenable, s'est subitement révélé dans les débats et les meetings orateur inspiré, débatteur énergique et pugnace, bien meilleur qu'un Alain Juppé trop attentiste et qu'un Nicolas Sarkozy estomaqué de voir celui qu'il avait autrefois qualifié de « collaborateur », alors qu'il était son Premier ministre, le bousculer sans complexe. Le remède miracle de la droite s'avère à l'expérience dangereux car, comme le fait justement remarquer l'analyste électoral de référence Jérôme Jaffré, les primaires divisent bien plus qu'elles ne rassemblent. Premier drame pour la droite.

Le deuxième se produit évidemment durant la campagne présidentielle proprement dite. En janvier 2017, Marine Le Pen (26 %) précède François Fillon (25 %) et Emmanuel Macron (20 %). Celui-ci n'est alors, devant ce casting totalement imprévu, que le premier spectateur de la droite, le spectateur le plus concerné. La présidente du Rassemblement national a fait jusque-là la course en tête, l'ex-ministre de l'Économie semble avoir atteint un palier. François Fillon, de son côté, a déjà perdu trois ou quatre points au cours du mois de décembre, lorsque son programme a été mieux connu et que sa dimension franchement thatchérienne (fiscalité, coupes massives de 500 000 fonctionnaires, déremboursement des « petits risques » de la sécurité sociale, recul de l'âge de la retraite) est apparue clairement. Trop tard pour Alain Juppé. Le coup décisif vient le 25 janvier 2017, quand *Le Canard enchaîné* révèle que Pénélope Fillon a bénéficié durant des années d'un emploi fictif. Au fil des semaines, les accusations se précisent et s'alourdissent. Le suppléant de François Fillon, ses enfants même deviennent des victimes indirectes de l'affaire. On apprend que l'épouse du candidat a également bénéficié d'un emploi de complaisance à la *Revue des deux mondes* et même, ce qui choque terriblement le bourgeois, que François Fillon a accepté qu'un intermédiaire douteux lui offre de coûteux costumes. La sanction des Français est immédiate. Dès février, ses intentions de voix fondent à 18,5 %, alors que celles d'Emmanuel Macron grimpent à 23 %. L'ancien Premier ministre ne rattrapera plus jamais le futur vainqueur, d'autant que les médias font de son affaire l'obsessionnel feuilleton du moment.

Il se défend de surcroît fort mal, niant d'abord les faits, puis se victimisant pour mettre ensuite en cause un imaginaire « cabinet noir » caché à l'Élysée, ainsi qu'une justice partiale (elle se montre effectivement d'une célérité sans précédent), avant enfin d'exprimer des regrets. Il s'enferre aussi en se contredisant à propos de sa mise en examen (il annonce d'abord qu'il se retirerait si elle se produisait, pour finalement faire le contraire lorsqu'elle se déclenchera). Il s'obstine et s'acharne, rejetant les pressions croissantes l'adjurant de se retirer pour laisser la place à Alain Juppé ou à François Baroin (sans doute trop tard). Ses amis ont beau le presser d'abandonner une posture sans issue, ses collaborateurs effondrés peuvent s'éclipser les uns après les autres, les hiérarques du parti peuvent le supplier de s'effacer pour tenter une ultime candidature de détresse, rien n'y fait. Plusieurs fois, il paraît sur le point de céder, à chaque reprise il se ravise au dernier moment. L'ultime scène a lieu au Trocadéro le dimanche 5 mars. Chacun comprend que la vérité va y émerger. Le ban et l'arrière-ban du peuple de droite d'Île-de-France s'y pressent sous une pluie agressive. François Fillon est plus éloquent que jamais, pathétique. Quand il a fini de parler, acclamé, on devine qu'il ne va pas se retirer et que la droite sera défaite. Il confirme le soir au « 20 heures » de France 2, l'orgueil l'a emporté sur la lucidité, l'obstination a balayé la loyauté vis-à-vis de son camp. François Fillon n'est pas homme à se sacrifier.

Au premier tour de l'élection présidentielle, le 23 avril, le candidat déchu arrive en troisième position avec 20 % des voix. Double drame : pour lui-même dont la carrière politique jusqu'alors sans faille s'arrête brutalement et pitoyablement ; pour son parti aussi qui, pour la première fois depuis 1981, n'a pas de représentant au deuxième tour et va le payer cruellement aux élections législatives qui suivent. Nicolas Sarkozy annonce qu'il quitte définitivement la vie politique, Alain Juppé entrera au Conseil constitutionnel. La droite est sinistrée.

Emmanuel Macron est évidemment le grand bénéficiaire de ce double coup de théâtre. Tout au long de l'hiver et du printemps, les ralliements se sont multipliés, de François Bayrou le 22 février (un renfort décisif alors qu'il traverse un trou d'air dangereux) à François de Rugy ou Bertrand Delanoë et, pour finir, à Manuel Valls lui-même. La grande majorité des parlementaires qui l'appuient viennent du Parti socialiste, mais son programme n'a rien de socialiste. De toute façon, depuis qu'il est apparu comme le probable adversaire de Marine Le Pen, son projet rassure d'autant plus que celui de la présidente du Front national (en congé de parti) inquiète. Aux deux émissions télévisées qui rassemblent et opposent les candidats du premier tour, ses prestations sont jugées nettement supérieures à celles de Marine Le Pen, malgré son inexpérience. Lors du débat de l'entre-deux-tours qui les confronte, la différence de niveau, de culture et de stature devient éclatante. 67 % des téléspectateurs trouvent Emmanuel Macron meilleur que Marine Le Pen, contre… 6 %. Ils sont 68 % chez les électeurs de Jean-Luc Mélenchon, 73 % chez ceux de François Fillon et même 35 % chez ceux qui votent pour elle à le reconnaître. Il est confortablement élu, sans surprise, avec 66 % des voix, contre 34 % pour Marine Le Pen. Il y a cependant 25 % d'abstentions, c'est beaucoup dans ce cas de figure. Il y a aussi 11,5 % de votes blancs et nuls. Au premier tour, Marine Le Pen a fait mieux qu'en 2012 (plus 3,4 %), même si elle a perdu trois ou quatre points les dernières semaines. Emmanuel Macron, lui, a fait beaucoup moins bien que Jacques Chirac face à Jean-Marie Le Pen en 2002 (82 % contre 18 %). Ce qui semblait jadis un scandale, l'extrême droite au second tour, apparaît aujourd'hui comme une bataille. Au bout du compte, en remportant cette élection présidentielle, Emmanuel Macron a accompli une brillante prouesse mais n'a pas dissipé les mauvais présages. Il s'est inventé, il s'est imposé avec hardiesse comme un jeune duc d'Enghien (futur Condé) à la bataille de Rocroi. Mais il a également bénéficié d'une chance insolente. Il a arraché le pouvoir à une gauche réformiste exsangue – encore fallait-il oser le faire –, il a tiré parti de la tragédie de la droite et de la répulsion déclinante qu'inspire l'extrême droite, sans affaiblir celle-ci. Il a choisi la transgression à l'instant même où les circonstances s'y prêtaient. La fortune a souri à cet audacieux intuitif.

Mais il ne s'agit en rien d'une fortune solidement assise. Emmanuel Macron a réalisé un exploit précaire. Les élections législatives qui ont suivi son élection présidentielle ne doivent en aucun cas faire illusion. La performance de 2017 brille et scintille mais rien ne prouve qu'elle puisse se reproduire. Emmanuel Macron a bénéficié d'une immense vague de dégagisme et a suscité une lueur d'espoir. Si l'espérance (minoritaire) lui appartient, il n'est pour rien dans le dégagisme majoritaire. En revanche, il est pour beaucoup dans les nouveaux clivages qui ont cristallisé à l'occasion de son élection.

Sociologiquement, au premier tour la « France d'en bas » a surtout voté Le Pen et Mélenchon : la France la plus modeste Marine Le Pen, la France de juste au-dessus Jean-Luc Mélenchon. La présidente du Front national domine chez les ouvriers et les employés les moins qualifiés, les chômeurs et ceux qui ne possèdent aucun diplôme. Depuis 2012, elle a aussi progressé chez les agriculteurs. En revanche, durant la campagne, elle a reculé au sein des classes moyennes. Jean-Luc Mélenchon rassemble un électorat qui partage nombre de traits avec celui de Marine Le Pen : jeunes chômeurs, ouvriers et employés mais plus qualifiés, classe moyenne modeste, enseignants. Ils incarnent cependant l'un et l'autre la France qui perd et se sent ignorée, voire lâchée. La France périphérique et la France des zones industrielles déclinantes.

Au second tour, la comparaison des électorats d'Emmanuel Macron et de Marine Le Pen est édifiante, mais surtout inquiétante tant la polarisation sociale et culturelle apparaît presque caricaturale. Marine Le Pen rassemble 61 % des votes ouvriers, 40 % des votes employés, 36 % des votes des commerçants et artisans, 24 % des professions intermédiaires, 23 % des retraités. Emmanuel Macron domine totalement chez les cadres et les intellectuels, largement chez les retraités et dans les classes moyennes. Le clivage dominant devient cependant culturel : Emmanuel Macron l'emporte de peu chez ceux qui n'ont pas le baccalauréat, mais dès les bac +2, il rassemble jusqu'à 83 % des suffrages contre 17 % à Marine Le Pen. De même s'impose-t-il aisément dans les grandes villes, *a fortiori* dans les métropoles, alors que Marine Le Pen s'enracine dans les petites villes et les territoires ruraux. Une France confiante et une France inquiète, une France en marche et une France à l'arrêt, voire en recul. Il y a là les germes de beaucoup de fractures et d'incompréhension.

Certes, la victoire d'Emmanuel Macron est aussi porteuse de renouveau. Les élections législatives amèneront une nouvelle vague spectaculaire à l'Assemblée nationale, avec un rajeunissement et une féminisation sensible, notamment à la République en marche, avec aussi l'entrée en force de cadres supérieurs, de dirigeants d'entreprises, de fondateurs de start-up. C'est le monde du secteur privé et des classes dirigeantes qui domine désormais au Palais-Bourbon. Même tendance d'ailleurs au sein du gouvernement, où la majorité des ministres n'ont jamais exercé le moindre mandat électif auparavant. Comme d'ailleurs au sein du mouvement de la République en marche. C'est une autre France qui vient de l'emporter en balayant les frontières sociales classiques et les partis de gouvernement. Une nouvelle ère commence.

Elle ne sera pas de tout repos, comme on le constatera vite. Désormais, ce sera modernistes contre populistes mais aussi européens contre nationalistes, nouvelle bourgeoisie conquérante contre milieu populaire sur la défensive. Emmanuel Macron en sera le symbole, constamment contesté. Il a remporté, à force d'intuition et d'audace, une victoire flamboyante qui ne garantit rien. À peine quadragénaire parmi les dirigeants mondiaux sexagénaires ou septuagénaires, européen ardent au milieu d'européens attentistes, intronisé en pleine crise mondiale, il a, au sein de l'Hexagone, balayé le vieux monde sans pouvoir, cela va de soi, en bâtir sur-le-champ un nouveau. Il a été élu par surprise, par hardiesse et par chance. Il l'emporte, c'est un grand mérite, à contre-courant du populisme et du nationalisme qui progressent à travers toute l'Europe. Il a été élu nimbé de mystère et voilé d'incertitude. Il a navigué sur le rejet des autres. Il a, sauf chez ses plus chauds partisans, suscité moins d'adhésion qu'il n'a su profiter du rejet de ceux qui ne voulaient plus ni de la gauche ni de la droite, et moins encore de Marine Le Pen. Il incarne typiquement un pari, avec tous les risques que celui-ci comporte. Il correspond en tout cas parfaitement à ce précepte de Machiavel : « La fortune sourit aux audacieux qui la brusquent, ce pourquoi elle est toujours aimée des jeunes gens. » Emmanuel Macron est élu à 39 ans.

Chapitre 3

La bataille de l'opinion

Emmanuel Macron s'impose comme le plus grand déclencheur des passions politiques françaises de la Vᵉ République. De son fait, malgré lui, à ses dépens ou à son avantage ? C'est ce que l'on verra. Mais paratonnerre attirant la foudre et les éclairs, provoquant les sentiments les plus violents et les plus contradictoires, à coup sûr. Le plus jeune chef de l'État depuis le Premier consul est aussi le plus contesté, le plus dénoncé, le plus clivant. On ne le déteste pas, on le hait. On ne l'estime pas, on l'admire. Régulièrement, dans chaque sondage, un quart des Français le vouent aux gémonies, un quart des Français l'installent sur le pavois et la moitié des autres oscille interminablement, tantôt séduite, tantôt irritée, tantôt déconcertée, généralement hostile, jamais indifférente. Le président de la République enflamme constamment l'opinion, une saison débordant de fureur à son endroit, une autre saison impressionnée et presque séduite, jamais neutre. Il est l'ennemi numéro un ou le sauveur suprême, le visage du mépris de classe ou le symbole de la modernité, l'incarnation de l'arrogance ou le visionnaire du changement. Un autocrate en herbe pour les uns, un libérateur de l'espoir pour les autres. Pour tous, un prince-président comme le fut fugitivement Louis-Napoléon Bonaparte sous l'éphémère IIe République, rassemblant les pouvoirs, personnifiant l'autorité, aimant plaire et charmer mais toujours déterminé à avancer. Un symbole et une cible, qu'on lapide souvent et qu'on encense parfois.

On dira qu'avant lui aucun président de la Ve République n'a laissé les Français indifférents, et qu'aucun n'a jamais fait l'unanimité. Charles de Gaulle dans sa grandeur était détesté par les nostalgiques de Vichy, haï par les partisans de l'Algérie française qui tentèrent d'ailleurs plusieurs fois de l'assassiner. Il fut vigoureusement combattu par les défenseurs du régime parlementaire, assailli par la gauche, puis bousculé par les étudiants en mai 1968. Néanmoins, jamais méprisé, jamais réduit à une strate sociale, jamais sorti de l'Histoire. On ne lui reprochait ni sa particule ni son sabre. Au-dessus du lot, malgré les traverses et les avanies.

Georges Pompidou, lui, a bien été confronté à la gauche, contesté par une fraction des vieux gaullistes, honteusement attaqué dans sa vie privée. Jamais sous-estimé cependant, jamais détesté, rarement caricaturé. Il avait beau rouler en Porsche, collectionner avec discernement de très enviables tableaux contemporains et avoir occupé chez Rothschild, bien plus longtemps qu'Emmanuel Macron et à un niveau supérieur, de hautes responsabilités, on n'en faisait pas le symbole des privilégiés, moins encore l'image d'une caste. Tout autoritaire qu'il fut, on ne trouvait chez lui rien de hautain ou de méprisant. En fait, il était populaire. Sorti du peuple, brillant tout au long de ses études, escaladant avec agilité l'échelle sociale, atteignant les sommets du pouvoir : un parcours républicain.

Valéry Giscard d'Estaing a suscité beaucoup plus de moqueries et de controverses. Son allure de patricien, sa trop fraîche particule, son mariage, ses alliances, sa fortune, ses châteaux, son brio, son extrême intelligence, sa modernité raisonnable, son inventivité : la gauche l'a trouvé trop aristocratique, la droite l'a jugé trop audacieux, une fraction des Français l'a jugé trop monarchique et la presse ne l'a pas aimé. Il n'en a pas moins été populaire, les études d'opinion en font foi, six années sur sept. Rien de comparable avec les brutales montagnes russes d'Emmanuel Macron dans les sondages.

François Mitterrand ? Il a certes déclenché les passions, coupé la France en deux, suscité d'innombrables controverses par ses ruses, ses feintes, ses stratagèmes, ses roueries. On ne compte plus les libelles, les brûlots, les pamphlets parfois tirés à des centaines de milliers d'exemplaires qui l'ont accablé. Cela n'empêchait pas sa culture d'en imposer, son autorité de s'exercer, sa hauteur de vue en matière internationale d'impressionner et, au bout du compte, son envergure d'imprimer les esprits. Avec lui, pas de consensus mais l'affirmation d'un homme d'État, certes plus à l'aise en politique et en littérature qu'en économie et en arithmétique : de la haine, de l'amour, de l'allergie, de l'admiration, mais finalement du respect et à sa mort une émotion quasi métaphysique.

Son successeur Jacques Chirac n'était pas de la même étoffe. Beaucoup de chaleur et de simplicité apparentes comme un président de la IVe République, mais de l'autorité, notamment en matière militaire et diplomatique (mais non européenne), du charisme même et, à condition de ne pas l'affronter, une authentique humanité. Une popularité alternant certes sommets et abîmes. Pas de rancœur à son endroit cependant, malgré ses procès et ses manœuvres, aucune stigmatisation sociale, rien de personnel en fait dans les reproches qu'on lui fait, une véritable tristesse populaire lorsqu'il meurt. Il est vrai que les Français ne sont jamais aussi équitables avec leurs présidents qu'à titre posthume.

Nicolas Sarkozy et François Hollande, eux, sont toujours bien vivants et actifs. Ils ne bénéficient donc d'aucune indulgence rétrospective. La popularité du premier a certes été hachée. Très identifié à droite, plus qu'aucun de ses prédécesseurs, violemment attaqué par le peuple de gauche mais adulé par le peuple de droite, son dynamisme et sa vaillance devant les crises, son charisme et son éloquence ont souvent été brouillés par son style. La franchise de ses rapports avec l'argent déconcertait les Gaulois pudibonds. Il était déjà affublé du redoutable sobriquet de « président des riches » dans le pays le plus égalitariste de la planète. Malgré tout, bien que longtemps maire de Neuilly-sur-Seine, peut-être la commune la plus opulente de France, il n'était pas réduit à un stéréotype bourgeois. Bien trop transgressif, pittoresque et provocateur pour cela. Quant à François Hollande, constamment sous-estimé, en partie de son fait, attaqué sur sa droite, agressé sur sa gauche, trahi par une fraction des siens, discrètement courageux et plus fin qu'aucun de ses prédécesseurs sinon François Mitterrand, il n'a suscité aucun rejet personnel. Fait rare, si les Français n'admiraient pas le président, ils trouvaient l'homme sympathique. Dommage qu'il n'ait pas pris conscience que « président normal » est un horrible oxymore, même si c'est une proclamation démocratique. Pour les deux prédécesseurs d'Emmanuel Macron, il n'y a eu ni indulgence ni compréhension, encore moins recherche d'équité, mais du rejet voire, chez leurs adversaires, de l'ostracisme.

Rien de comparable cependant avec la violence presque pathologique des sentiments qu'inspire Emmanuel Macron. « Président des riches », c'était à propos de

Nicolas Sarkozy un cliché politique, c'est pour Emmanuel Macron une sorte de sceau infamant, de flétrissure personnelle. Mépris et arrogance à l'égard des Français, c'est une dénonciation obsessionnelle qui traverse toute la scène politique, scandée à gauche, brandie à droite, hurlée à l'extrême droite comme un refrain assassin. Derrière l'adversaire à abattre, il faudrait à tout prix déconsidérer et même déshonorer l'homme. Le fameux « Vous êtes haï, vous êtes haï, vous êtes haï », fulminé par François Ruffin, le plus provocateur, le plus violent, le plus constamment déchaîné des Insoumis, sonne comme un leitmotiv régicide. Non sans efficacité, puisqu'il est repris par les Gilets jaunes comme par les manifestants contre la réforme des retraites, qu'il est même symbolisé sans équivoque par des simulacres de pendaison ou de guillotine dans les défilés. Pour Emmanuel Macron, il y a parfois plus que de la popularité, de l'admiration chez ses supporters, mais chez ses adversaires il y a une furieuse détestation très spécifique. L'anti-macronisme n'est pas une simple opposition mais littéralement une guerre sainte qui a gagné, selon les périodes, entre un quart et deux tiers des Français. Une pandémie de haine.

Comment s'explique-t-elle ? Ce ne sont pas les origines sociales d'Emmanuel Macron qui la justifient. Elles ne relèvent ni de la discrète noblesse d'épée comme de Gaulle ni de la haute bourgeoisie comme Valéry Giscard d'Estaing, celle qui habite les hôtels particuliers et possède des châteaux de famille. Il est issu de la moyenne bourgeoisie picarde, à la génération de ses parents, un milieu médical estimé dans une ville que dominent le commerce et le négoce. Ce n'est pas sa fortune ou celle de sa femme qui sont en cause, il n'en a pas. Son patrimoine est celui de millions de cadres aisés. Il est certes sorti de l'ENA, mais comme Valéry Giscard d'Estaing, Jacques Chirac ou François Hollande. Ce n'est d'ailleurs pas le résultat d'un privilège mais d'un concours. Il appartient à un « grand corps », l'inspection des Finances, mais Valéry Giscard d'Estaing aussi, Georges Pompidou relevant du Conseil d'État, Jacques Chirac et François Hollande de la Cour des comptes. Aucune différence. Les plus hauts fonctionnaires accédant au sommet de l'État, c'est une spécificité française, ce n'est pas une particularité d'Emmanuel Macron.

Alors, le passage chez Rothschild ? Deux ans seulement, en brillant mais juvénile collaborateur. Bien sûr, à l'extrême droite, à l'extrême gauche, sur les réseaux sociaux antisémites et conspirationnistes, c'est presque l'aveu d'un crime. Un cocktail de brio, de pouvoir, de haute banque, juive de surcroît, célèbre à juste titre, cela entretient tous les fantasmes complotistes sur l'oligarchie mondialisée qui gouvernerait le monde, détruirait les nations, accaparerait les réseaux d'influence. Il serait en somme l'émissaire du monde de la finance et de l'argent, l'ambassadeur en France des maîtres de l'Univers. Absurde et infantile mais solidement ancré au sein de l'électorat du Rassemblement national, chez les Insoumis, chez les communistes et chez bien des syndiqués de la CGT, de Sud voire de FO, et à un degré bien supérieur infestant Internet. Au total, cela fait beaucoup de monde et de calembredaines, irrationnelles mais dangereuses, attirantes et maléfiques.

Mais pourquoi lui, plus que par exemple ses prédécesseurs de droite ? Pourquoi plus que Georges Pompidou, au parcours si semblable au sien ? Parce qu'entre-temps, l'Europe a progressé, que la mondialisation s'est imposée, avec ses performances et ses injustices ? Mais en quoi en serait-il le chargé d'affaires, lui si visiblement imprégné du colbertisme qui infuse toute la haute fonction publique française, lui l'européen proclamé agissant de toutes ses forces en faveur de l'affirmation d'une souveraineté européenne et de la persistance d'une souveraineté nationale ? Pourquoi plus que François Fillon dont le programme présidentiel était bien plus libéral et respectueux de l'orthodoxie financière que le sien, François Fillon qui se faisait volontiers photographier dans le parc de son manoir ? Pourquoi cette cristallisation mystérieuse et maladive de « président des riches » sur les épaules d'Emmanuel Macron ?

Bien sûr, sa politique fiscale, déterminée à aider les entreprises, à alléger leurs charges, à assouplir les contraintes juridiques multiples qui les enserrent ne pouvait qu'alerter la gauche et horrifier extrême droite et Insoumis. Elle cousinait avec la politique de Nicolas Sarkozy dans ce domaine, assurément, et elle avait plus d'un objectif commun avec ce qu'entreprenait jadis un Georges Pompidou. Et cependant, à côté de cela, il y avait aussi une politique sociale active, qu'il s'agisse de l'enseignement (dédoublement des classes dans les quartiers défavorisés, réforme du bac, Parcoursup), de la formation et de l'apprentissage, de la lutte contre la grande pauvreté et en faveur des handicapés, ou encore des allègements fiscaux pour les classes moyennes inférieures, bref le contraire du libéralisme unilatéral, bien loin de Ronald Reagan ou de Margaret Thatcher. L'hostilité de l'extrême droite s'explique sans mal. La mobilisation de l'extrême gauche contre une politique favorable aux entreprises n'est pas non plus une surprise. L'agressivité de LR dépossédée d'une partie de son programme se comprend, celle du PS qui ne digère toujours pas d'avoir vu François Hollande opter pour une politique de l'offre n'étonne pas davantage. Au total, cela fait beaucoup de monde. Mais depuis quand une réorientation économique après une élection démocratique constitue-t-elle un crime ? Pourquoi Emmanuel Macron, qui va dans le même sens que la quasi-totalité des démocraties européennes, est-il regardé en France comme un abominable hérétique, comme le coupable d'une transgression majeure ? Où est le crime, où est le déni de démocratie ? Comment s'explique la fureur sacrée qui s'abat sur Emmanuel Macron et le fait vaciller ?

Excès d'incarnation, personnalisation outrancière du pouvoir, méthode autoritaire ? Cela peut jouer, tant le nouveau président s'est exposé, a assumé, s'est multiplié devant micros et caméras, donc s'est mis en danger, pas toujours habilement. Mais enfin, il n'est pas le premier à s'y risquer, de Valéry Giscard d'Estaing à Nicolas Sarkozy. Certes, cela ne leur a pas forcément réussi non plus, mais ils n'ont pas déclenché pour autant les foudres homériques dont Emmanuel Macron fait l'objet. Il est encore vrai qu'au fil des années, surtout depuis dix ans, la pression de l'information continue et des réseaux sociaux se fait de plus en plus violente, constante, pesante. Avant, on gouvernait, on présidait sous le contrôle du Parlement et sous le regard des caméras, certes de plus en plus insistant et investigateur au fil des années. La presse écrite, jadis relativement respectueuse, s'est depuis considérablement durcie, investissant sans complexe les champs de la vie privée qu'elle s'interdisait jadis, allant toujours plus loin dans la polémique politique, piochant dans les contradictions, exhumant les retournements de vestes ou d'opinions, ressuscitant les aveuglements ou les erreurs d'anticipation. N'oubliant rien, pointant tout. Inflexible et cruelle.

La césure majeure, c'est cependant l'installation en première ligne de l'information continue, impitoyable par principe, mobilisée par vocation, en perpétuelle fringale d'erreurs, de fautes, de dérapages, d'imprudences du personnel politique. Celui-ci, jadis dominateur, tenté de se croire exempté des règles ordinaires ou au moins ménagé, se retrouve soudain en point de mire permanent, exposé vingt-quatre heures sur vingt-quatre, trois cent soixante-cinq jours par an. Ligoté au poteau d'une surveillance perpétuelle, enserré par les liens d'un regard, d'une caméra, d'un portable omniprésent. Nu, bousculé, rudoyé, contesté, accusé permanent, contraint à la défense quotidienne, à l'autojustification constante. Affaibli et vulnérable comme le crabe sans carapace au moment de la mue. Un nouveau statut peu enviable pour le chef de l'État, émergeant sous le quinquennat de Nicolas Sarkozy, s'enracinant sous celui de François Hollande, triomphant depuis l'élection d'Emmanuel Macron.

Et ce n'est rien face au formidable pouvoir de nuisance des réseaux sociaux, suivis continûment par une moitié des Français, charriant inlassablement le meilleur et le pire, le second naturellement bien plus bruyant et populaire que le premier. La presse, les médias, classiques ou modernes, ont au moins leurs règles professionnelles, leurs réputations, leur crédit à défendre, pour beaucoup leur déontologie, ainsi que le verdict de la concurrence et de l'audience. Les réseaux sociaux, pas du tout. Leur anonymat les protège et les arme, leur masse envahit l'espace et jaillit comme une avalanche sans principes et sans freins. Ils peuvent insulter, accabler, diffamer, calomnier, déconsidérer, pratiquement sans risques et sans recours. Ils font et défont l'opinion. Ils lancent des ultimatums et décrètent des ostracismes.

Ils peuvent déclencher des campagnes, promouvoir des usurpateurs, ridiculiser leurs victimes. Ils constituent le cinquième pouvoir, le nouveau facteur politique, le plus menaçant, le moins résistible. Pour ceux qui gouvernent, pour ceux qui agissent, ils sont un handicap majeur et constant.

Ils ont joué un rôle marquant durant la campagne présidentielle de 2017, un rôle décisif durant l'affaire Benalla, un rôle prééminent tout au long de la révolte des Gilets jaunes, un rôle primordial durant la bataille des retraites, un rôle hégémonique pendant la crise du coronavirus. Ils sont la voix des mécontents, des révoltés, des opposants, des oubliés, des déshérités, des marginalisés, ceux que jusqu'alors on n'entendait dans les médias traditionnels qu'en cas de grève ou de conflits sociaux. Ils sont aussi la mauvaise conscience des dirigeants, des gouvernants, des possédants, des influents, des privilégiés et bien plus largement des Français aisés, intégrés, diplômés.

Ils ont dès le départ pris totalement Emmanuel Macron en grippe, ils n'ont cessé de le contrecarrer, de le contester, de le rejeter. La presse, amoureuse d'Emmanuel Macron durant sa campagne, est revenue très vite à sa vocation de vigie critique. L'information continue, après avoir généreusement donné sa place et donc sa chance aux candidats, s'est métamorphosée en caisse de résonance terriblement efficace de ceux qui contestent le Président. Elle retransmet certes largement les interventions du chef de l'État, elle relaie tout aussi volontiers les moindres propos de ses adversaires ou de ceux qui le contestent. Le gaullisme colonisait la télévision, l'alternance l'a émancipée. L'information continue façonne le climat et bouscule les pouvoirs. Les réseaux sociaux bombardent et canonnent sans répit le gouvernement. Emmanuel Macron est entré au palais de l'Élysée au moment où médias et réseaux sociaux sont devenus pour la première fois aussi puissants que le pouvoir élu.

Ceci explique pourquoi chaque initiative, chaque choix, chaque décision de l'exécutif devient aussitôt le théâtre d'une mise en accusation. Comme de surcroît le macronisme se veut un réformisme, qu'il n'aura de cesse de redessiner la France et de réinventer la nation, il s'expose et se prête particulièrement aux blocages, aux frondes et aux jacqueries. Réformer, c'est déranger ; innover, c'est bousculer ; transgresser, c'est provoquer. Le macronisme réforme, innove et n'a pas peur de transgresser. Il est donc par nature, par constitution, la cible idéale des chasseurs de la presse, des médias, *a fortiori* des réseaux sociaux. Lorsque le livre du candidat s'intitule *Révolution*, rien d'étonnant à ce que le Président déclenche des contre-révolutions. Quand il entreprend sans attendre de renverser le tabou suprême de l'ISF, quand il s'attaque au totem du code du travail, quand il proclame haut et fort qu'il veut aider les entreprises, qu'il veut une fiscalité favorisant le travail, qu'il modifie sans sourciller le régime de l'assurance-chômage, de l'apprentissage ou le statut de la SNCF, qu'il ouvre largement la porte aux investissements étrangers, qu'il bouleverse le baccalauréat – autre totem français –, qu'il entreprend la plus audacieuse réforme des retraites depuis la Libération, qu'il est contraint de confiner la France, puis d'instaurer un couvre-feu, et de reconfiner pour pouvoir redéconfiner, qu'il se proclame européen et le prouve face au courant de plus en plus tempétueux du nationalisme, il met le feu aux réseaux sociaux, il enflamme les médias et la presse, il défie les oppositions, il s'offre aux coups de ses adversaires.

Si de surcroît, il néglige de s'assurer des alliances, s'il rudoie les syndicats, s'il ignore les élus locaux, il s'expose plus que jamais, plus que quiconque aux campagnes, aux fantasmes et au complotisme des réseaux sociaux. Au fond, il n'y a rien de mystérieux dans le fait qu'Emmanuel Macron déchaîne plus de passions et d'animosité voire de haine que ses prédécesseurs. Les médias n'ont jamais été aussi pugnaces qu'aujourd'hui. Les réseaux sociaux n'ont jamais été aussi violents, les réformes n'ont jamais été aussi disruptives et assumées que sous ce quinquennat. Pour réformer, Emmanuel Macron a choisi d'être le paratonnerre qui attire la foudre. D'ailleurs depuis qu'il a forcé les portes du pouvoir, la France est traversée sans cesse d'éclairs, d'orages et de tempêtes. Le macronisme fabrique la tornade.

D'autant plus que la personnalité même du Président a tout pour séduire, pour scintiller, pour entraîner mais aussi pour déranger, pour choquer, pour provoquer. Il concentre tous les attributs du succès au sein d'une France collectivement obsédée par l'échec, par le déclassement national. Il conquiert le pouvoir suprême au terme d'une charge héroïque en bousculant toutes les règles, toutes les traditions. Ce n'est pas seulement un vainqueur, c'est aussi un intrus. Il l'emporte à 39 ans en faisant irruption dans un monde de personnalités politiques sexagénaires. Il n'a pas de passé, pas de parti, pas d'étiquette. Il s'agit donc d'une prouesse insolente. Emmanuel Macron symbolise la réussite et l'assurance dans un pays qui doute et a peur d'échouer.

Ce monde nouveau qui fait si peur à la moitié de la population, c'est le sien, technique, numérique, européen, mondial. Emmanuel Macron est le premier président numérique. La France, on le sait bien, n'aime pas, n'a jamais aimé ses élites. Dans notre doux pays, même quand il n'y a plus vraiment de conscience de classes au sens traditionnel, il existe une animosité de classe, voire dans les tempêtes une haine de classe. Or, Emmanuel Macron représente à lui seul la quintessence des élites françaises : dans ce pays toujours régalien, il appartient à un grand corps de l'État, l'inspection des Finances, celui qui mène à la fois au pouvoir et à l'argent. Les Français n'aiment pas l'argent, en tout cas pas l'argent des autres. Ils croient Emmanuel Macron riche, ce qu'il n'est pas. Ils lui tiennent cependant rigueur de cette fortune qu'il ne possède pas.

La France est aussi un peuple littéraire, imprégnée de son histoire. Le nouveau président est un intellectuel, plus que ses trois prédécesseurs. Il a été l'assistant d'un grand philosophe, Paul Ricœur, que les Français ne connaissent d'ailleurs pas. Il a beaucoup lu, en partie sur les conseils de Ricœur, justement, et bien assimilé. Cela devrait plaire, mais au contraire cela agace beaucoup : chef de l'État à l'âge où l'on est d'ordinaire secrétaire d'État, c'est un défi. Inspecteur des Finances et banquier chez Rothschild à un moment où le populisme ne cesse de progresser, c'est une provocation. Optimiste foncier, persuadé que la France peut se moderniser, s'équiper, s'assouplir, et conquérir de nouveau une place dans le peloton de tête des nations, c'est un contrepied pour ce peuple plus pessimiste qu'aucun autre et toujours prêt à croire que demain sera forcément pire qu'aujourd'hui. Emmanuel Macron est à lui seul une provocation. Il ne fait rien comme personne, hardiment, son mariage le démontre amplement. Il passe les obstacles de la promotion personnelle en se jouant, c'est très agaçant pour les autres. Il ne fait même pas semblant d'être modeste, cela devient inconvenant. Emmanuel Macron est fait pour exciter les jalousies.

Autour de lui, ministres et collaborateurs sont fascinés et, ils l'avouent, intimidés par son aisance intellectuelle et sa capacité à assimiler les dossiers en un temps record. Il pourrait être alors simplement un technocrate qui a bien réussi. Pas du tout : c'est au contraire un politique, certes d'un type bien particulier, hérétique. Mais qui s'impose aisément, non seulement en Conseil des ministres où il se montre impérieux mais en Conseil européen, face à ses pairs, pratiquement tous largement ses aînés. Il séduit, il lance plus d'idées que les autres. Il a un projet français – la réforme, le mérite, le travail, l'innovation – mais également un projet européen, là encore tout à fait à rebours de l'air du temps. L'Europe est triste et frileuse, consciente que le monde lui échappe au profit de la Chine, des États-Unis, des pays du Pacifique. Il surgit au contraire bien décidé à restaurer une dynamique, à retrouver l'élan, à avancer sans le Royaume-Uni, tant pis, pour devenir enfin une grande puissance collective, vieille obsession française qu'il rafraîchit soudain. Audacieux, idéaliste à coup sûr mais en trois ans il s'est taillé une place particulière à Bruxelles, celle du lanceur d'idées opiniâtre. Cela ne passionne pas les Français, désormais bien eurosceptiques ? Il s'en moque, il avance et compte les entraîner. Une fois de plus à contre-courant, à contre-courant du déclinisme, du fatalisme, du scepticisme, du populisme et plus encore des nationalismes.

Juvénile dans un pays aux idées vieillies, réformateur dans une société allergique aux changements, confiant à la tête d'une nation défiante, autoritaire au milieu d'un peuple rebelle, il détonne irrésistiblement. Si au moins il s'exprimait simplement, s'il se mettait méthodiquement à la portée de tous, comme un Chirac et comme un Mitterrand le faisaient, peut-être l'entendrait-on plus facilement. Mais pas du tout : Emmanuel Macron a une pensée complexe et ne déteste pas que cela se sache et se dise. Son « en même temps » n'est pas un slogan mais une devise. Il est courageux, il n'a pas peur du risque, il aime commander, c'est son néo-bonapartisme. Il a le culte des héros qu'il célèbre d'ailleurs fort bien (le colonel Beltrame, les soldats tombés au combat, les résistants et les grands hommes) mais on persifle aussi le « président philosophe », lecteur d'Aristote, féru de Michel Foucault, de Jacques Derrida, d'Edgar Morin. Il aime la poésie, il adore le théâtre (son lieu de rencontre avec Brigitte), il lit avec passion García Márquez, Octavio Paz, comme Proust, Céline et bien entendu René Char. Ce qui ne l'empêche pas de rire aux bons mots d'Audiard et d'entonner en privé des chansons populaires. Apparemment contradictoire, mais en fait simultanément, c'est rassurant, grand lecteur et bon public. Sur ce dernier point, fait rare, il se rapproche du commun des mortels.

Reste l'essentiel : les uns détestent et rejettent Emmanuel Macron pour les raisons mêmes qui font que les autres l'aiment et l'admirent. Parce qu'il est un symbole de réussite individuelle, le visage d'une élite brillante à la tête d'un pays malheureux. Parce qu'il est audacieux et hétérodoxe au sein d'un peuple troublé et méfiant. Parce que, aussi, comme Barack Obama, son éloquence, son brio, sa facilité conservent quelque chose de froid, de distant et d'étranger. Il prononce de très beaux discours, qui doivent beaucoup à sa propre main, à l'instar de l'ancien président américain, mais tout comme lui son intelligence intimide, son assurance dérange, son énergie déconcerte, ses idées troublent. Il ne déteste pourtant pas le contact populaire, bien au contraire. Il le cherche, le provoque, au grand effroi de son service de sécurité. Il aime les bains de foule, il n'a pas peur des apostrophes, il réplique volontiers et, comme il est très tactile, prend facilement ses interlocuteurs par le bras ou par l'épaule, serre les mains et embrasse avec prodigalité, en tout cas jusqu'à la pandémie. Mais il n'a pas la cordialité naturelle et l'empathie d'un François Hollande, pas le charisme exubérant d'un Nicolas Sarkozy, encore moins la simplicité chaleureuse d'un Jacques Chirac. Ses beaux discours demeurent lointains, ses interventions publiques ne sont pas toujours exprimées avec discernement. Dans les périodes de crise, on y reviendra avec le coronavirus, il prend souvent la parole mais ne touche pas toujours ses interlocuteurs, faute d'être assez simple, assez concret, assez ciblé sur les questions anxieuses que se posent les Français. En somme, chacun comprend qu'il est au-dessus du lot mais chacun sait qu'il appartient comme à une espèce différente. Prédestiné mais énigmatique, brillant mais lointain, entreprenant, inventif, énergique mais déconcertant et déstabilisant. Un chef, un leader mais sans charisme populaire, sans chaleur apparente. Il se veut protecteur mais les Français ne se sentent pas protégés. Il se veut modernisateur mais les Français ne veulent pas être modernisés. Il est déjà le président de la France mais pas encore celui des Français. D'où sa réputation d'arrogance et de mépris. Arrogant oui, méprisant non. Mais qui le sait ?

Sa rapidité d'esprit et sa capacité phénoménale d'assimilation des problèmes, son absence de préjugés idéologiques et de blocages politiciens entretiennent sans doute chez lui un sentiment de supériorité intellectuelle qui mène tout droit à l'arrogance. Celle-ci est fortement ressentie par ceux de ses interlocuteurs qui sont mal disposés, elle embarrasse jusqu'à son propre camp et, plus grave, elle s'est désormais enracinée dans l'esprit des Français. Emmanuel Macron, symbole des élites heureuses, archétype du succès individuel finit par être regardé comme la figure emblématique d'une supériorité insupportable, presque un reproche et un défi pour les Français moins heureux que lui. Le Président est victime de la subjectivité très particulière de ses concitoyens qui, à la différence d'autres peuples, n'aime pas ceux qui incarnent la réussite. Ils veulent bien admirer des chanteurs ou des champions sportifs, des vedettes de cinéma ou des stars de séries télévisées, mais ils regardent comme une injustice intolérable l'existence de milliardaires, de grands patrons, de riches ou de puissants. Les Italiens ont adoré Silvio Berlusconi, les Allemands révèrent leurs chefs d'entreprise, les Britanniques sont fiers de leurs financiers et même de leur aristocratie, *a fortiori* de leur souveraine. Ici, on n'aime pas les têtes qui dépassent, surtout lorsqu'elles s'exhibent. Redoutable écueil pour Emmanuel Macron.

Pourtant, il n'est pas méprisant. Dans la vie ordinaire, il se montre au contraire affable et accessible. Il aime les contacts, il va au-devant des gens, il se prête volontiers aux dialogues improvisés. Il est vrai que dans les débats il parle beaucoup et réduit généralement ses interlocuteurs en simples questionneurs, voire en auditeurs. En revanche, il aime s'expliquer, il n'est pas avare de son temps s'il s'agit de convaincre. Il est sociable et cordial. Rien à voir avec la hauteur sarcastique du général de Gaulle ou l'enjouement de châtelain de Valéry Giscard d'Estaing lors de ses contacts avec les Français ordinaires.

Seulement voilà, Emmanuel Macron est affligé d'un défaut cardinal, d'une infirmité désastreuse : dans ses dialogues improvisés, il est naturel, spontané, familier, il dit ce qu'il pense et il pense imagé. C'est une catastrophe. Ses bons mots tombent complètement à plat, ses formules à l'emporte-pièce hérissent et choquent. Avec lui, les fameuses « petites phrases », aussitôt happées par dix smartphones, aussitôt relayées par vingt sites aux aguets, aussitôt répercutées sur les réseaux sociaux, tambourinées et trompetées sur les chaînes d'information continue, déclenchent le fer et le feu.

Dès qu'il livre sa pensée de façon cavalière, Emmanuel Macron se trouve comme pris dans un piège à loups. Chaque boutade devient un trait d'arbalète qu'il se tire dans le pied, chaque métaphore se retourne implacablement contre lui, chaque formule enflamme aussitôt Internet. Les réflexions, les répliques, les plaisanteries même se métamorphosent aussitôt en autant de grenades incendiaires. Emmanuel Macron est devenu ce pyromane multirécidiviste qui s'incendie lui-même, ce sapeur virtuose qui allume trop souvent des mèches fixées sur des barils de poudre. Grand orateur dans ses grands moments, remarquable lecteur d'excellents discours taillés et retaillés, poncés et reponcés, lustrés et relustrés, il s'égare et se perd au contraire dans de brèves improvisations électriques qui déclenchent sur-le-champ d'horribles courts-circuits politiques. Des mots de trop qui laissent de bien plus profondes et douloureuses cicatrices que dix belles oraisons funèbres, que vingt débriefings brillants à l'issue des Conseils européens, que cinquante discours de circonstance lors d'un déplacement en province ou d'une inauguration quelconque, et même qu'une demi-douzaine de bonnes et fortes allocutions présidentielles, voire qu'une rarissime longue interview télévisée. La malédiction des « petites phrases » en ce XXIe siècle hérissé de smartphones intrusifs et de micros cannibales.

Déjà, pendant sa campagne présidentielle, sa déclaration à Alger assénant que « la colonisation fait partie de l'histoire française. C'est un crime, un crime contre l'humanité, c'est une vraie barbarie » avait déclenché une tempête. Il avait fallu apaiser pieds-noirs et nostalgiques de l'Empire qui n'en avaient pas moins conservé une dent contre l'imprudent candidat. Une fois président, donc au centre de toutes les attentions, la liste des mots malheureux s'allonge à une vitesse sidérante. À la gare du Nord, il lâche cette réflexion : « On croise des gens qui réussissent et des gens qui ne sont rien. » Tollé fracassant. Des millions de Français se sentent aussitôt humiliés et dédaignés. Lorsque après avoir visité une entreprise il mentionne l'existence d'ouvrières « illettrées » (il était alors ministre de l'Économie), il met le doigt sur un problème qui n'a rien d'imaginaire mais il donne l'impression de stigmatiser et de mépriser. Ce n'est nullement son intention mais c'est aussitôt ce dont il est accusé par des oppositions d'autant plus belliqueuses qu'elles se trouvent en piètre situation. De ces écarts naît l'idée qui s'installe vite d'une condescendance de classe, une hérésie caractérisée dans notre démocratie égalitaire. De même, le trop fameux « un travail, je traverse la rue, je vous en trouve », lancé à un jeune chômeur au cours d'un échange détendu mais qui, capté sur-le-champ, diffusé et rediffusé à l'infini, se transforme en proclamation d'arrogance insupportable. Il y a toujours eu des mots qui blessent sans mauvaise intention mais qui, tournant en boucle sur les réseaux sociaux et les chaînes d'information continue, regardés dix fois, cent fois par des millions de Français enracinent la certitude d'avoir affaire à un président méprisant. L'inexpérience politique du chef de l'État se fait alors lourdement sentir. Qui imagine un Jacques Chirac ou un François Mitterrand commettre de telles bévues ?

Parfois aussi, des « petites phrases », lancées sur le ton de la plaisanterie, sans penser à mal, colportant d'ailleurs une part de vérité, allument néanmoins des incendies médiatiques aussi théâtraux que disproportionnés. Ainsi, une incise goguenarde sur « les Gaulois réfractaires » devient-elle une insulte lancée par le monarque républicain à son propre peuple. En fait, il s'agit d'une citation indirecte de Jules César dans ses *Commentaires sur la guerre des Gaules* qui, vantant l'intrépidité de ses adversaires, relève que leurs querelles perpétuelles les handicapent grandement. Revisitée par Emmanuel Macron, l'observation clinique de César devient immédiatement l'aveu insupportable d'un chef de l'État insultant en public ses propres concitoyens. Il n'y avait rien de cela dans cette remarque de trop, mais l'effet est saisissant. Décidément, Emmanuel Macron ne sait pas tenir sa langue. Il n'apprend pas à se taire, il tombe encore dans des pièges qu'il se pose à lui-même. Pourquoi diable diffuser une vidéo tournée lors d'une réunion de travail avec ses collaborateurs et dans laquelle il s'écrie : « On met un pognon de dingue dans les minimas sociaux. » Aussitôt, on le soupçonne de préparer des coupes sauvages dans les subventions sociales. Il n'en est rien mais le mal est fait. De même, lorsqu'il s'exclame qu'« il n'y a pas d'argent magique » en réponse à des aides-soignantes se plaignant de la modicité (bien réelle) de leur salaire et du budget insuffisant des hôpitaux (autre vérité), il n'imagine pas que ses propos lui seront mille fois reprochés durant la crise du coronavirus. L'admiration légitime qu'inspirent les soignants va de pair avec le souvenir lancinant des moyens qui leur ont été refusés auparavant. Emmanuel Macron porte ses formules malheureuses et ses propos imprudents comme une perpétuelle couronne d'épines.

Cela fait écho aux fautes politiques que constituent son indifférence, voire son allergie, aux corps intermédiaires et aux élus locaux, et son éloignement ostensible avec la presse et les médias. Ce président si féru des nouvelles technologies, si à l'aise avec les plus modernes moyens de communication n'en tire aucune leçon pour son propre comportement. Il a l'intelligence hyper moderne et la sensibilité archaïque. Drôle de contradiction. Il prononce de beaux discours classiques, des oraisons funèbres élevées, il a publié au plus fort de la révolte des Gilets jaunes une lettre aux Français bien tournée, a expédié aux Européens une autre missive réussie publiée dans de nombreux quotidiens des 27, bref, il maîtrise les formes de communication traditionnelles, beaucoup moins les contraintes de l'univers périlleux des nouveaux médias. Étrange paradoxe pour le plus jeune chef d'État français depuis Bonaparte, bizarre décalage pour le vainqueur si ostensiblement disruptif de l'élection présidentielle. Emmanuel Macron est décidément atypique sur tous les tableaux. Décalé.

Comme avec lui les choses ne se passent jamais comme avec les autres, les handicaps qu'il se crée, les crises qu'il ne cesse de traverser et parfois de provoquer, les animosités et les détestations qu'il suscite, les défauts rédhibitoires dont on l'affuble n'ont jusqu'ici jamais eu définitivement raison de lui. Malgré la morgue qu'on lui attribue, malgré l'étiquette maudite de « président des riches » dont on le charge, malgré les traverses perpétuelles qui le guettent, il n'est jamais définitivement abattu. Dans son étrange rapport avec l'opinion des Français, on trouve aussi une capacité de rebond insolite, une résilience particulière. Malgré leur incomparable expérience et leur aisance dans les rapports humains, François Mitterrand, Jacques Chirac n'ont pas pu, après les crises qu'ils ont traversées, retrouver leur popularité originelle. Nicolas Sarkozy non plus, malgré sa forte personnalité et son éloquence trépidante. Quant à François Hollande, il est vrai sans cesse assailli par son propre camp, il ne méritait vraiment pas son accablante impopularité. Emmanuel Macron, lui, se relève au contraire. Il tombe souvent, il se redresse toujours. Pourquoi cette particularité ? Sans doute parce qu'il conserve la fidélité de son propre électorat, quoi qu'il se passe. C'est plus rare qu'on ne le croit. François Mitterrand a très vite perdu l'appui d'une large fraction de ce « peuple de gauche » qui l'avait porté au pouvoir. François Hollande a été abandonné par une grande partie des siens. Emmanuel Macron, non : même lorsqu'il affronte une fronde ou doit batailler pour imposer une réforme, son socle électoral initial résiste. Chez les cadres, chez les seniors, chez ceux qui ont fait des études supérieures, dans les métropoles, les carrés de ses fidèles tiennent bon, même face aux Gilets jaunes, même au cœur de la bataille des retraites, même au pire de la crise du coronavirus. L'aile gauche de son électorat fléchit notablement, c'est vrai, mais il le repeuple en partie dans l'électoral de centre droit. Sa popularité recule mais son électorat résiste.

Par ailleurs, si avec Emmanuel Macron les réformes se succèdent à un rythme endiablé, si elles suscitent aussitôt résistances, mobilisations, grèves et manifestations, elles sont néanmoins soutenues par une fraction des Français, cependant qu'une autre, pas forcément acquise aux réformes, s'impatiente devant les troubles sociaux et se tourne vers un gouvernement qui maintient vigoureusement l'ordre. On pourrait rétorquer que ce serait vrai de n'importe quel gouvernement, mais ce n'est pas le cas. Il y a par principe chez les soutiens d'un gouvernement qui tente une réforme et doit affronter une forte mobilisation syndicale, voire populaire, deux composantes : les partisans de la réforme et les partisans de l'ordre. Les partisans de la réforme s'avèrent en nombre très variable. Quand Nicolas Sarkozy est contraint par la crise financière d'augmenter brutalement les impôts, son propre électorat regimbe. Lorsque François Hollande adopte franchement la politique de l'offre en janvier 2014 – à juste titre –, une grande partie de son électorat y est hostile. Quant aux partisans de l'ordre, on les trouve plus facilement à droite qu'à gauche. La chance d'Emmanuel Macron est que son électorat souhaite vraiment les réformes, au moins lorsqu'elles sont correctement présentées, mais qu'il tient aussi résolument à l'ordre républicain. Cela ne vaut certes que pour une fraction des Français, mais c'est un atout de départ pour se lancer dans une réforme toujours périlleuse.

Un autre atout, spécifique celui-là, tient à la division profonde des oppositions politiques. Les Insoumis de Jean-Luc Mélenchon et la gauche classique s'écharpent régulièrement, la percée des écologistes trouble encore plus le jeu de ce côté-là. Symétriquement, la droite LR et le Rassemblement national de Marine Le Pen sont en concurrence directe. Ainsi, la forte résistance sociale qu'affronte régulièrement le chef de l'État n'a pas de débouché politique réaliste, ce qui en relativise en partie le danger. Enfin, en matière de communication, Emmanuel Macron n'hésite pas à innover hardiment au cœur des crises. L'exercice est plus ou moins réussi selon les cas, mais il lui rend l'initiative pour un temps. Ainsi, lors de l'interminable crise des Gilets jaunes qui a duré une année entière, phénomène rarissime dont le palais de l'Élysée n'avait au départ pas su percer le sens, Emmanuel Macron a-t-il été bousculé, vilipendé, insulté et même agressé au Puy-en-Velay. Il a clairement été acculé à la défensive, contraint de lâcher du lest, tentant d'apaiser les esprits à grand renfort de primes et d'allègements fiscaux ou sociaux. Il s'est ainsi trouvé sur le point d'essuyer une défaite en rase campagne, sous les yeux d'une France majoritairement favorable aux manifestants, sinon aux manifestations. Son audace a alors été d'imaginer un « grand débat » de plusieurs mois, tout au long duquel il a pris le risque de devenir le personnage central sous le regard des caméras. Il a lui-même saisi son bâton de pèlerin, sillonnant la France, région après région, pour participer à de très longs débats (parfois six heures d'affilée) avec des élus locaux, des membres d'associations, parfois de simples citoyens. Il répondait inlassablement à d'innombrables questions, parfois très techniques, parfois très locales, parfois très véhémentes. En bras de chemise, debout au milieu d'un vaste cercle d'interpellateurs, avec une aisance et souvent un brio qui enchantait ou rassurait ses partisans, il reprenait l'initiative et exaspérait ses contempteurs. Si cette contre-offensive improvisée n'a pas effacé le mécontentement des Gilets jaunes, n'a pas désarmé la colère affleurante d'une partie des Français, elle a remis en selle le Président, restaurant son autorité et soulignant son talent. Sa popularité, mise à mal durant l'hiver, a ainsi pu remonter lentement à la fin du printemps. Rares étaient ceux qui avaient anticipé cet épilogue.

Pourtant, après la lamentable affaire Benalla, durant laquelle il s'était montré tour à tour léger, maladroit puis inutilement provocateur, lançant à ses accusateurs sur un ton de matamore « s'ils veulent un responsable, il est devant vous, qu'ils viennent le chercher », il avait déjà su rebondir promptement en menant à bien plusieurs réformes sur un train d'enfer (code du travail, SNCF, Éducation nationale, formation professionnelle). Benalla lui avait coûté son état de grâce mais il avait ainsi pu rebondir aussitôt. De même, une fois soldée sinon oubliée la grande fronde des Gilets jaunes, est-il de nouveau reparti à la conquête, non pas d'un introuvable consensus mais au moins de l'estime et de l'intérêt d'une fraction des Français dépassant son simple socle électoral. À l'été 2019, un G7 réussi où il avait tenu sans cesse le premier rôle, apprivoisant même fugitivement Donald Trump, une conversion soigneusement scénarisée à la priorité écologique, l'examen sans drame de la PMA pour toutes (procréation médicalement assistée) lui ont permis un nouveau rétablissement. Dans chacune de ces occasions, il avait marqué un point. Lui, si gaffeur dans l'improvisation, s'est alors montré bon professionnel. Avec Emmanuel Macron, si la bataille de l'opinion n'est jamais gagnée, elle n'est non plus, et c'est plus rare, jamais perdue.

La réforme des retraites lui a été nettement moins bénéfique. Pourtant, au départ, le principe d'une réforme universelle par points séduisait une majorité des Français. Elle reposait sur trois principes, l'universalité, la simplicité et l'égalité, ce qui correspond très précisément aux préférences idéologiques des citoyens. Malheureusement, la mise en œuvre a fait apparaître beaucoup moins ce triptyque que prévu. La CGT, FO, Sud et même la CGC sont aussitôt entrés en guerre, les uns pour défendre les célèbres régimes spéciaux de la SNCF et de la RATP, les autres pour défendre les droits acquis des fonctionnaires ou ceux des cadres. D'où, derechef, après un an de manifestations de Gilets jaunes, des mois de manifestations syndicales, il est vrai nettement moins violentes. La mobilisation n'était pas suffisante pour stopper la réforme mais les contradictions et les maladresses de l'exécutif ont tout gâché. En voulant introduire l'âge pivot de la retraite à 64 ans (sous la pression d'Édouard Philippe), ce qui était économiquement raisonnable mais psychologiquement désastreux, il a aussitôt braqué les Français. Il s'est aussi progressivement brouillé avec les syndicats qui, au départ, étaient favorables au principe de la réforme par points, à commencer par la CFDT, désormais premier syndicat français. Politiquement, la droite surenchérissait sur l'âge de la retraite et la gauche tempêtait contre son élévation. 64 ans, c'était beaucoup trop tard pour la gauche et pas assez financé pour la droite. Antisocial pour les syndicats radicaux, brouillon et hypocrite pour les syndicats réformistes. Emmanuel Macron se tenait en retrait, inspirateur d'une réforme qu'il faisait piloter par son Premier ministre Édouard Philippe. Une communication gouvernementale par ailleurs chaotique, avec trop de porte-paroles, trop de dissonances, trop de changements de ton. Une image de plus en plus confuse et inquiétante au fur et à mesure que l'on avançait. Les Français, bien disposés au départ, devenaient de plus en plus hostiles. Les partisans d'Emmanuel Macron restaient fidèles, leurs alliés s'éloignaient les uns après les autres. Finalement, une belle idée gâchée et une bataille d'opinion en voie d'être perdue, d'ailleurs moins de la faute d'Emmanuel Macron lui-même que de celle de son gouvernement.

De toute façon, la pandémie du coronavirus a tout balayé. Face à la pire épreuve qu'ait dû affronter la France depuis la Seconde Guerre mondiale, plus question au départ de réforme des retraites, ni d'ailleurs de réforme tout court. Priorité absolue, cela allait de soi, à l'organisation de la lutte contre la pandémie et au soutien d'urgence à l'économie. L'impréparation lamentable en matière de tests, de masques, de matériel médical impliquait une mobilisation générale, tout comme les aides massives, les prêts, les garanties offertes aux entreprises, les soutiens aux salariés mis au chômage partiel, aux commerçants, aux artisans, aux Français les plus vulnérables, tout cela accaparait les énergies et submergeait l'information. Il n'était même plus question des réformes antérieures.

En revanche, une nouvelle bataille de l'opinion, homérique celle-ci, s'engageait sur-le-champ. Face à un triple drame de cette ampleur, sanitaire, économique et social, le Président n'avait pas le choix : il devait évidemment monter en première ligne, s'engager à fond. C'était sans aucun doute les décisions les plus difficiles et même les plus dramatiques de son quinquennat qu'il fallait prendre sans attendre, c'était à lui de les assumer. Chacun a pu constater qu'il ne ménageait pas ses efforts, qu'il s'impliquait totalement, qu'il se montrait archi-présent et aussi qu'il prenait personnellement les décisions majeures, même s'il se concertait beaucoup avec Édouard Philippe et s'il confère volontiers avec Jean Castex ou Olivier Véran. Hélas, chacun a pu constater également qu'il n'était pas un virtuose de la communication de crise.

Emmanuel Macron a cherché sans cesse à incarner, à rassembler et à donner confiance. Il a réussi à incarner mais pas à rassembler, et moins encore à donner confiance. Pour incarner, il s'est littéralement démultiplié. Il a prononcé plusieurs longues (parfois trop longues) allocutions officielles, évidemment retransmises sur toutes les chaînes de télévision et qui, compte tenu des circonstances, ont drainé des audiences sans précédent depuis la création de la télévision, jusqu'à plus de 35 millions de Français. Il a aussi accumulé les visites sur le terrain, rencontrant inlassablement soignants, chercheurs, élus locaux, s'efforçant de n'oublier aucun corps de métier, puisant aussi dans l'arsenal des symboles, comme à Mulhouse, épicentre de la pandémie, devant l'hôpital militaire de campagne, ou bien à Marseille pour rencontrer le désormais célèbre autant que controversé professeur Raoult. Impossible de s'impliquer davantage. En ce sens, c'était bien le chef de l'État aux commandes, omniprésent. Il n'en a pas moins échoué à rassembler et à donner confiance, même si sa dernière intervention a été mieux reçue.

Au départ, afin de faire prendre conscience aux Français de l'ampleur du drame, il a adopté un registre résolument martial et même guerrier. Il s'est exclamé à plusieurs reprises lors de sa première allocution officielle : « Nous sommes en guerre. » Il a utilisé plusieurs fois la métaphore de la « première ligne » (les soignants), de la « deuxième ligne » (chaîne de l'alimentation, transports, ordre public) et de la « troisième ligne » (les Français), comme un chroniqueur militaire. Il s'est écrié ainsi sur un ton clémenciste assumé : « Nous tiendrons. » Ses adversaires ont aussitôt dénoncé un accent pompeux et inadapté. Il a ensuite, plus subtilement, choisi un registre plus humain, plus empathique, plus adapté aux inquiétudes et aux interrogations des Français. Il s'est entouré ostensiblement d'avis médicaux, avec son Conseil scientifique dont il a invoqué à plusieurs reprises l'autorité et la compétence. Il s'est appuyé sur l'intervention quotidienne très écoutée du professeur Salomon, directeur général de la Santé, à qui est revenu le commentaire de l'évolution de la pandémie, ce dont il s'est d'ailleurs acquitté avec une pédagogie bienveillante, vite appréciée, mais qui à la longue avec sa litanie de chiffres morbides a fini par devenir anxiogène. C'est donc tout un dispositif très élaboré de communication qui a été mis en place, le Président endossant la stratégie et les décisions clés, le Premier ministre chargé de mettre au point et d'annoncer dispositions et calendriers, le ministre de la Santé Olivier Véran précisant objectifs et choix proprement médicaux. Édouard Philippe a d'ailleurs trouvé progressivement un style efficace, à la fois modeste et sincère, triant honnêtement entre ce qu'il savait et ce qu'il ne savait pas. Olivier Véran, médecin hospitalier de profession, se montrant lui aussi bon pédagogue et plutôt rassurant, Jean Castex choisissant le registre d'une sévérité paternelle. Malheureusement, le dénuement initial de la France en matière de tests, de masques et d'équipements, dissimulé en vain mais éclatant inévitablement au grand jour a très vite créé le soupçon. Des contradictions, certes inévitables, ont produit de fâcheux effets. Le ministre de l'Éducation nationale Jean-Michel Blanquer assurant le matin qu'il n'était pas question de fermer les écoles pour être contredit l'après-midi même par le Président, le ministre de l'Intérieur Christophe Castaner esquissant une régionalisation du déconfinement écartée quelques heures plus tard par l'Élysée, tout cela créait le trouble. Parfois, on apprenait que c'était Emmanuel Macron lui-même dont le point de vue avait évolué. L'interview désastreuse de l'ancienne ministre de la Santé Agnès Buzin, révélant avoir dès janvier averti du risque du coronavirus, plusieurs semaines avant que l'annonce publique en soit faite, met le comble au scepticisme et à la défiance.

Certes, tous les gouvernements ont commis des erreurs, tâtonné, évolué, appris, corrigé. Tous se sont contredits et parfois divisés, même en Allemagne par exemple, entre le ministre-président de Bavière et celui de Rhénanie-Westphalie. Il n'empêche, l'immense mobilisation générale, la discipline inattendue des Français, l'énergie et le travail homérique de tout l'exécutif français n'ont pu empêcher la méfiance de monter et le mécontentement de croître avant de reculer. Face à l'adversité et à l'épreuve, Emmanuel Macron a d'abord reconquis une part de sa popularité mais, au fil des semaines, le jugement sur son action et celle du gouvernement s'est progressivement assombri et aigri. Certaines mesures comme la rentrée scolaire ont divisé, d'autres, comme le confinement, ont été jugées à tort trop laxistes, bien que la France ait été plutôt plus rigoureuse que ses voisins. D'autres encore, comme le port des masques ou l'extension des tests, ont paru trop tardives, à juste titre. L'instauration du couvre-feu a fait grincer, le reconfinement a irrité et déprimé. En Italie, durement frappée par la pandémie, le président du Conseil Giuseppe Conte a conquis à travers sa gestion de la crise une popularité subite. Angela Merkel, si contestée quelques mois plus tôt, a été littéralement plébiscitée par l'opinion allemande pour sa gestion de la crise. Emmanuel Macron, lui, malgré son implication et son activité, a déçu une majorité de Français. Ses choix ont été contestés et son calendrier a été critiqué.

Bien entendu, ses adversaires ont fait feu de tout bois, parfois sans retenue. Marine Le Pen n'a cessé de le contredire et de l'agresser. Jean-Luc Mélenchon, endossant sa toge de patriarche républicain, l'a durement admonesté, relayant d'ailleurs des thèses médicales contestées. Socialistes, communistes et écologistes ne l'ont pas épargné. Quant aux Républicains, ils ont critiqué chaque décision et réclamé des commissions d'enquête en toutes occasions. Il n'y a pas eu d'union nationale devant le danger. Il n'y a même pas eu, sauf au tout début, d'esprit unitaire. Face à la pandémie, les Français eux-mêmes ont cédé à un étrange dédoublement de la personnalité. Membres de la société civile, ils ont fait preuve de solidarité, soutenant avec enthousiasme et reconnaissance les soignants, multipliant les initiatives généreuses. Globalement, ils se sont montrés disciplinés, à rebours de leur réputation (sauf les 20-35 ans). En tant que membres de la société politique, ils se sont, malgré les circonstances, aussi profondément divisés que d'ordinaire. Emmanuel Macron a échoué à les rassembler. Chacun est resté dans son camp. Les réflexes partisans l'ont emporté sur les réflexes patriotiques. On a même assisté à une résurgence de l'hostilité de la province contre Paris, symbole du pouvoir central. On a vu des maires et surtout des présidents de régions harceler et dénoncer le gouvernement au pire de la crise, avec des arrière-pensées électoralistes transparentes. On a même constaté l'émergence d'une certaine malveillance des habitants des régions les plus préservées face à la vague des citadins aisés des grandes métropoles tentés de s'y réfugier pour éviter la pandémie. Les estivants si recherchés devenaient soudain des envahisseurs dangereux. Emmanuel Macron a beau avoir assumé ses fonctions avec résolution et énergie, il n'a pu rassembler et rassurer.

Pourtant, au bout du compte la France a fait au moins aussi bien et même plutôt mieux que la plupart des nations comparables. Assurément mieux que le Royaume-Uni, où les bévues et les contradictions de Boris Johnson se sont avérées désastreuses. Mieux qu'en Italie, où la gestion de la Lombardie, si durement frappée, a été chaotique et où l'économie a été sacrifiée. Mieux qu'en Espagne, qui a réagi plus lentement que la France. Mieux qu'aux États-Unis où la gestion de Donald Trump, de rodomontades en bravades, a été calamiteuse. Plusieurs journaux étrangers de référence, connus pour leur indépendance, l'ont d'ailleurs relevé. Par ailleurs, le déconfinement a été presque trop bien mené par Jean Castex (trop global et trop libéral) et l'imposant arsenal de mesures économiques et sociales bien sélectionné par Emmanuel Macron lui-même, ce que les Français reconnaissent. Le Président a su prendre les décisions difficiles au bon moment et dans la bonne direction, même si au départ masques, tests et matériel médical manquaient. Cependant, si les mérites d'Édouard Philippe ont été peu à peu reconnus, si le Premier ministre a conquis dans l'épreuve une estime méritée (Jean Castex n'ayant pas encore trouvé son assise), le Président, lui, n'a pas convaincu l'opinion. Son réalisme et son énergie ont été obscurcis par ses changements de style et des épisodes contestés (visites chahutées à des hôpitaux, mise en scène militaire à Mulhouse). La percée européenne, si précieuse pour pouvoir espérer sortir de la crise économique, n'a pas été portée à son crédit, bien qu'il en ait été l'instigateur. Édouard Philippe, plus visible dans l'action quotidienne, a été apprécié. Emmanuel Macron, responsable ultime des choix et du calendrier, a été contesté. Il fallait cependant du courage pour décréter un confinement strict qui paralysait nécessairement l'économie, puis un couvre-feu qui ne pouvait que déplaire. Le risque était immense et, logique institutionnelle oblige, c'est le Président qui en est comptable. À cette occasion-là, la plus dramatique du quinquennat, Emmanuel Macron s'est montré plus hardi que jamais, mal compris parce que changeant trop souvent de registre et de tonalité, exaspérant les commerçants, inquiétant les enseignants, désespérant les libraires, harcelé par toutes les oppositions. Mais au bout du compte, résilient, retrouvant même une assise populaire honorable avec le déconfinement par étapes mis en œuvre à la fin du mois de novembre dernier. Toujours visé, souvent touché, jamais abattu.

Chapitre 4

La malédiction de la discorde

Les Français se déchirent. C'est là leur éternelle infirmité, leur tare congénitale : elle date de toujours. Déjà les Gaulois, si vaillants, perdaient à force de querelles des batailles qu'ils auraient pu gagner. Leurs descendants n'ont cessé de les imiter. Être Français, c'est se diviser. Armagnacs contre Bourguignons, catholiques contre protestants, ligueurs, frondeurs, sans-culottes, républicains contre royalistes, girondins contre montagnards, bonapartistes contre légitimistes ou orléanistes, quinze régimes et autant de révolutions ou de drames en deux siècles, record du monde, dix jacqueries sous l'Ancien Régime, dix émeutes sous la République. Dans l'histoire moderne et contemporaine, « la patrie de la lutte des classes, le pays où les conflits sociaux et politiques sont poussés le plus loin », c'est le plus grand des connaisseurs, l'expert suprême, Karl Marx, qui l'assure. En France, on aime se détester, on adore se combattre. La France ou l'éternel paradis des conflits, des fractures, des divisions, des émotions, des soulèvements ou des émeutes. Quel est le pays où Mai 68 a failli emporter le régime et a porté à toutes les autorités politiques, sociales, culturelles des coups dont elles ne se sont jamais remises, c'est la France ; et qui d'autre ? Quel est le pays où l'inévitable élévation de l'âge de la retraite s'est transformée en une guerre de vingt ans ? La France seule, toujours la France. Et quel est le pays où le surgissement des Gilets jaunes a réinventé une forme de guérilla sociale sans équivalent en Europe, faisant béer d'étonnement nos voisins ? La France, bien entendu, la France divisée, la France déchirée, la France toujours portée à se battre contre elle-même.

Les présidents de la Ve République ont tous, sans exception, rêvé d'unité et de rassemblement. Aucun n'y est parvenu. Le général de Gaulle lui-même, tout grand homme qu'il fut, tout habité et même hanté par l'idée qu'il portait la France sur ses seules épaules, le général de Gaulle, rejeté en mai 1968, vaincu en avril 1969, le général de Gaulle a pu réinventer la France mais non point concilier les Français. Georges Pompidou, en qui tant d'électeurs pouvaient se reconnaître, n'a pas pu faire mieux malgré la prospérité, malgré l'apaisement. Valéry Giscard d'Estaing avec sa modernité et sa différence aspirait à réunir « deux Français sur trois ». Chimère, car les Français ne veulent pas se réunir. François Mitterrand croyait, avec quelle éloquence l'a-t-il proclamé lors de son intronisation, incarner le peuple. Fantasme, car il y a toujours dans ce pays au cadre enchanteur plusieurs peuples vindicatifs prêts à en découdre. À son tour, Jacques Chirac voulait recoudre et cicatriser mais il n'a réussi l'unité derrière lui qu'après sa mort, à titre exclusivement posthume. Nicolas Sarkozy, plus réaliste et plus entreprenant, a tenté d'entraîner la France mais ce faisant a scindé les Français. François Hollande, lui, a voulu les réconcilier pacifiquement mais ne les a fait que gronder et pester. Quant à Emmanuel Macron, vainqueur électoral des clivages classiques, arbitre singulier des antagonismes politiques, apôtre du dépassement des frontières intérieures, le voilà devenu en un tournemain dans l'esprit d'une majorité des citoyens le « président des riches », l'instrument du pouvoir d'une caste, le chargé d'affaires des puissants, le déclencheur des conflits et même, à en croire un certain sentiment populaire, l'artisan du réveil des luttes de classes.

Il est vrai qu'il a eu l'audace d'entreprendre des réformes sur un rythme inconnu depuis au moins une génération, Nicolas Sarkozy ayant été bloqué par les crises et les Français ne détestant rien tant que les réformes. Déjà, lorsque celles-ci concernent leurs voisins, cela les hérisse fort : ils n'aiment pas les remises en cause. Mais lorsque les réformes ont l'audace de les toucher directement eux-mêmes, leur humeur s'aigrit sur-le-champ et leur mécontentement s'embrase. Le jeune président a voulu galoper pour faire changer la France d'époque et de rythme. Il a voulu réveiller et il a bousculé, mécontenté, puis irrité et, inévitablement, divisé des Français si portés à l'être. En trois ans, il a donc affronté une procession de crises – SNCF, droit du travail, fiscalité, retraites, écologie, territoires, hôpitaux et santé publique et, pour finir, le Covid et ses terribles conséquences économiques et sociales. Son modernisme ambitieux, nécessaire même, mais pas toujours habile, et souvent mal expliqué, a accouché d'un regain théâtral des conflits et, inexorablement, implacablement, des divisions brutales, des antagonismes furieux, des jacqueries réinventées. Résultat, une France plus fissurée que jamais, plus conflictuelle que depuis un demi-siècle. Une France déchirée, la malédiction de la discorde retrouvée.

Ses racines sont bien connues, trop connues. Au fil des siècles, les Français ont traversé de multiples guerres de territoires, conquêtes ou défenses, d'abominables guerres de religions, de nombreux soulèvements sociaux, des conflits politiques fanatiques et deux guerres mondiales. Autant de très dures épreuves qui cependant ne sont pas particulières à notre pays. Tous nos voisins, tous nos rivaux, tous nos alliés et tous nos adversaires ont connu eux aussi ces horreurs et ces calamités. La spécificité française, notre infirmité nationale, c'est qu'aux guerres, aux épidémies, aux grandes convulsions économiques et sociales, communes à tous, s'ajoute la tentation perpétuelle de la division, des conflits internes, des fractures intestines, des antagonismes revanchards. C'est l'éternel chemin de croix tricolore. Pour le coup, il nous est bien personnel.

La France est plus mécontente, plus mélancolique, plus défiante, plus pessimiste que les autres nations parce qu'elle est moins unie. Il n'y a pas de consensus politique français. Il n'y a pas de règle du jeu social installée comme dans les pays d'Europe du Nord. Il n'y a pas d'espérance collective comme dans tant d'États bien plus déshérités que le nôtre. La France est le pays occidental le plus pessimiste, celui qui doute le plus de l'avenir et le perçoit avec constance comme une régression inévitable : déclinisme pour le statut de la France, vécu comme un déclassement programmé ; régression sociale pour les Français, persuadés de vivre moins bien que leurs parents et mieux que leurs enfants. Défiance profonde, croissante, vindicative vis-à-vis de toutes les institutions. Animosité, rage parfois à l'égard du monde politique et des médias. Mépris à l'égard des élus (sauf parfois ceux qu'ils approchent) présumés corrompus, inefficaces et totalement indifférents aux difficultés et aux attentes de leurs électeurs. Méfiance à l'égard des syndicats, rejet des partis, fin du prestige du président de la République, du gouvernement, du pouvoir politique, jadis respectés ou craints, aujourd'hui décriés et diabolisés. La France est un pays profondément malade de défiance, malade d'amertume perpétuelle et de ressentiment chronique, malade de se croire maltraitée et abandonnée. Malade de se croire bousculée et meurtrie, comme ligotée sur un toboggan perpétuel. Malheureuse de ce qu'elle est devenue, anxieuse de ce qu'elle va être. La France qui se rêvait en lisant Jean d'Ormesson et qui se vit désormais à travers les yeux de Michel Houellebecq. La France souffrante et déchirée.

Il ne s'agit pas là d'hypothèses ou de supputations. Chaque mois des sondages et des enquêtes le vérifient. Chaque année, des baromètres internationaux l'enregistrent : la France est plus pessimiste que les pays les plus pauvres, plus négative que des nations en guerre, plus mécontente que des États ruinés. Le Français est un citoyen querelleur, atrabilaire, revendicatif, vouant aux gémonies ses gouvernants, ses dirigeants, ses responsables. D'ailleurs, les résultats électoraux en témoignent et le vérifient. Au premier tour de l'élection présidentielle de 2017, les divers populismes qui expriment, chacun à sa façon, frustrations, colères, sentiments d'abandon, ont rassemblé plus de 45 % des voix. Les grèves sont aussi de toute éternité plus nombreuses en France qu'ailleurs en Europe, certes moins nombreuses que jadis mais plus fréquentes et plus virulentes que chez nos voisins. Aucune majorité ne trouve grâce aux yeux des Français qui les sanctionnent d'ailleurs tour à tour, méthodiquement. La droite se fait battre et même humilier, la gauche se fait battre et même rejeter, le centre est promis au même sort. À peine élu, aussitôt minoritaire, assailli, vilipendé ; il n'y a pas, il n'y a plus de formule politique qui convienne aux Français. Il n'y a pas, il n'y a plus de formule sociale qui satisfasse les Français. Il n'y a pas, il n'y a plus de religion qui les rassemble ou d'idéologie qui les rapproche. La France est fracturée et dépressive.

Le pire est peut-être que les Français se défient même les uns des autres. Des études récentes ont prouvé que dans aucun autre pays occidental, les citoyens ne se méfient autant de leurs dirigeants, ne se défient à tel point les uns les autres. Il y a évidemment des raisons à cela. La France du XXIe siècle ne possède assurément plus le prestige et le statut qu'elle a pu avoir au XVIIe ou au XVIIIe siècle en Europe. On ne parle plus d'elle comme de « la grande Nation », elle a perdu sa primauté, tant militaire que culturelle, elle a ensuite perdu son empire et elle a enfin perdu sa confiance en elle. Mais elle n'est pas la seule dans ce cas, tant s'en faut. Toutes les puissances impériales européennes sont dans le même train et apparaissent néanmoins beaucoup moins désespérées qu'elle. Les Français, hélas, ne se souviennent d'avoir été admirés que pour mieux s'affliger de ne plus l'être. Pourtant, la France conserve une influence et un rang plus qu'honorables avec son siège de membre permanent du Conseil de sécurité des Nations unies (privilège de cinq pays seulement). Elle possède le deuxième ou le troisième réseau diplomatique au monde, un immense domaine maritime, une dissuasion nucléaire crédible et sans cesse modernisée. La France n'est pas une épave, contrairement à ce qu'on pourrait croire en entendant maints hommes politiques ou en lisant tant d'essais obsessionnellement déclinistes. Elle n'est ni naufragée ni dématée.

On dira que depuis un demi-siècle elle a dû affronter et supporter d'incessantes crises économiques. C'est vrai, mais là encore elle est bien loin d'être la seule dans ce cas et, bon an mal an, plus ou moins habilement, elle a su y faire front. Le chômage a certes durement frappé mais au début de 2020 le pays avait retrouvé le niveau d'avant la tempête financière de 2008 (d'origine américaine), et il baissait enfin progressivement, pouvant espérer, avant la pandémie du coronavirus, repasser en 2022 sous la barre des 7 %. Depuis les années 1970, les secousses économiques ont été violentes et la France n'y a pas toujours fait face avec les meilleures armes. Au moins semblait-elle entrer désormais en convalescence. Bref, les Français ont souffert comme les autres peuples européens mais ils ont réagi plus violemment que leurs voisins, avec surtout ce sentiment de profonde injustice et d'aigre ressentiment qui les caractérise. Il est vrai que la pression de la mondialisation, que les menaces des guerres commerciales déclenchées par Washington et par Pékin, que l'instabilité chronique née de la financiarisation de l'économie mondiale avec son lot de spéculations, de bulles immobilières, de concurrences fiscales déloyales et d'extra-territorialité scandaleuse du dollar créent un climat anxiogène. L'Europe réagit cependant enfin et la France se bat sur ce front avec plus de vigueur que beaucoup. Refrain entêtant : les Français y perçoivent cependant plus de lendemains qui déchantent que nos voisins et partenaires.

Si la France vit plus mal que les autres le temps des épreuves, c'est aussi qu'il y a des raisons endogènes aux fureurs et aux ressentiments des Hexagonaux. Au moins deux : un rapport très particulier à l'État, source de profondes frustrations, et un égalitarisme si puissant, si incompressible qu'il ne peut créer que colère et aigreur, comme d'ailleurs la dernière décennie n'a cessé d'en donner le spectacle avec son cortège de conflits sociaux en tous genres. Les Français et l'État : chacun le sait, si autour de nous les Nations ont fait l'État, en France, seule dans son cas, c'est l'État qui a fait la Nation. Chez nos voisins, la Nation a créé l'État, ici l'État a créé la Nation, l'État a précédé la Nation. La France des légistes, des sénéchaux, des présidents à mortier, des intendants puis des conseillers d'État ou des conseillers-maîtres à la Cour des comptes, la France s'est dotée avant les autres d'une administration, d'une fiscalité, d'une gendarmerie, d'une armée. Elle s'est construite sur un modèle constamment autoritaire et, dès l'avènement de la République et de l'Empire, fortement centralisé. Le droit écrit a imposé ses règles, l'administration a enraciné son pouvoir, souvent de façon vétilleuse. La communauté nationale s'est forgée à l'ombre de l'État. La monarchie, largement décentralisée et même provincialisée, a cependant concentré comme nulle part ailleurs à l'époque le pouvoir politique dans les mains du souverain. La République jacobine et l'Empire autoritaire ont accaparé le pouvoir et l'État à Paris. S'il fallait une image pour illustrer l'empreinte de la IIIe République, ce serait l'unique toile d'araignée des voies ferrées, toutes éperdument tendues vers Paris, aimant impérieux. De cette histoire singulière, il est né une relation étrange entre les Français et l'État, un rapport de dépendance rageuse, une demande de protection querelleuse. Les Français attendent plus de l'État que les autres peuples mais c'est une aspiration frondeuse. Ils préfèrent l'État au marché, quand les autres peuples préfèrent le marché à l'État. L'État tricolore est contesté, on l'implore et on le brocarde, on se tourne vers lui mais on ne se satisfait pas de ses réponses. L'enseignement gratuit, y compris à l'université, est aussi revendiqué que critiqué. La sécurité sociale est à la fois taboue et vitupérée. La police est adjurée et vilipendée. La fiscalité est honnie, mais ce qu'elle finance, intouchable. Les Français attendent tout de l'État mais ne se satisfont jamais de ce qu'il offre.

Ils se comportent comme des sujets mécontents, forcément sujets, donc forcément mécontents. Dépendants, donc rebelles.

Or, ce rapport très particulier à l'État, en fait quasiment unique, ne peut que s'aigrir depuis que l'État a montré ses limites alors que les attentes des citoyens ne cessent de croître. L'État apparaît en effet en ce début du XXIe siècle obèse et affaibli. Les Français en attendent tout : éducation, santé, emploi, sécurité, justice et globalement protection. À chaque nouvelle traverse, à chaque nouvelle épreuve, ils se tournent instantanément vers lui, quelle que soit la majorité au pouvoir, quelle que soit l'orientation du gouvernement. Chômage, vieillesse, attentats, pandémie, éducation, transports, santé, aides sociales, retraites, c'est toujours à l'État de jouer. Mais aujourd'hui, sa superficie a dépassé le raisonnable puisque les budgets publics sont déficitaires depuis plus de quarante ans et que l'endettement de la France ne cesse de croître à un rythme épuisant, que la crise du coronavirus vient encore d'aggraver férocement. S'il en fallait une illustration récente, la crise du coronavirus la fournirait justement : c'est l'État qui a dû faire front en première ligne et non point comme ailleurs les Länder, les régions ou les provinces. Municipalités et régions ont certes prêté la main du mieux qu'elles ont pu, mais chacun pouvait constater que l'État restait le maître d'œuvre incontournable : sanitaire, social, économique, policier. La pandémie demeure une affaire d'État et à peine la première vague s'éloignait-elle qu'aussitôt les appels se multipliaient pour confier les entreprises en péril à l'État, pour redécouvrir la planification publique, pour rapatrier sous sa houlette les branches stratégiques, bref pour étendre encore le périmètre de l'État devant les périls. Tout en pestant contre les contraintes bureaucratiques, tout en se scandalisant des retards, des erreurs, des mensonges, des impréparations. Tout en grognant contre l'instauration du couvre-feu, puis contre le rétablissement d'un semi-confinement. Tout en s'inquiétant pour les libertés publiques. Un État imploré et vilipendé.

Un État qui s'épuise à satisfaire des demandes croissantes avec des moyens entravés. D'où la nécessité de réformes, toujours impopulaires, d'où les tentatives d'économie aboutissant à sacrifier les équipements de proximité… Et débouchant sur le mouvement des Gilets jaunes. D'où l'obligation de réformer les retraites qui provoquent tant de manifestations. D'où des besoins toujours plus grands s'agissant des hôpitaux ou des Ehpad qui jettent les soignants dans la rue. La France attend tout de l'État, ne reçoit jamais assez et ne le lui pardonne pas. Les rapports entre les Français et l'État sont l'histoire d'une passion malheureuse. Première particularité française.

La seconde n'est pas moins tumultueuse et ne peut pas davantage connaître d'épilogue heureux puisqu'il s'agit de cet égalitarisme qui submerge les Français. La devise nationale affiche fièrement « liberté, égalité, fraternité ». Elle est trompeuse. C'est « égalité, liberté, fraternité » qu'il faudrait lire, et pas seulement égalité mais même égalitarisme tant l'égalité prend dans ce pays l'allure d'une quête obsessionnelle et impossible. L'égalité, c'est le Graal français. Inaccessible par principe sous la monarchie, devenu sous la République un mirage cruel. Tous les peuples sont évidemment à la recherche de plus d'égalité mais aucun n'approche la fureur française. Partout, on rêve à juste titre d'égalité des chances, partout on revendique légitimement l'égalité des droits, partout on bataille pour réduire les inégalités de fait.

Nulle part on n'y parvient, sous aucun régime, qu'il soit démocratique, communiste ou populiste. La réduction des inégalités est un combat éternel, parfois violent, toujours pressant, jamais définitivement victorieux. La plupart des peuples en ont bien conscience et font de leur mieux pour avancer pas à pas, parfois avec un grand bond en avant, mais ils savent bien qu'il s'agit d'un combat perpétuel. En France, pas du tout. L'égalité est ici comme une religion, comme un défi particulier. On n'y aime ni les riches ni l'argent (des autres, s'entend). Les milliardaires sont dans beaucoup de pays regardés comme des exemples de réussite, ici on les voit plutôt comme des imposteurs, des prédateurs même, ne devant leur réussite qu'aux moyens les plus blâmables. Ce sont ainsi des cibles, des repoussoirs, en aucun cas des symboles de succès ou de performance. Bien au-delà du cercle des grandes fortunes, le simple bourgeois devient un totem d'iniquité, de privilèges, d'injustice sociale : il suffit de contempler l'image toujours négative qu'en donne notre littérature, de Balzac à Flaubert, de Zola à Mauriac. En France, même la littérature bourgeoise est antibourgeoise. Les fortunes sont regardées comme des rapts, les riches comme des exploiteurs, les bourgeois comme des profiteurs.

Au-delà encore, ce sont tous les dirigeants qui sont diabolisés, délégitimés, rejetés, des hauts fonctionnaires (l'ENA fantasmée comme fabrique d'administrateurs sans âme et sans conscience sociale) aux hommes politiques, corrompus et accapareurs par essence, des chefs d'entreprise (sauf des petites entreprises car les Français aiment symétriquement ce qui est petit, petit patron, petite maison, petit bistrot, petite plage) ou financiers, des aristocrates (la particule est aussi suspecte en France que son équivalent est révéré au Royaume-Uni) aux magistrats, jadis aux prélats (quand ils comptaient) ou aux mandarins de l'université ou des hôpitaux. Bref, tout symbole de possession ou d'autorité, donc d'inégalité. Au sein de la société française, seuls les champions sportifs, les chanteurs ou les vedettes de cinéma incarnent une inégalité acceptable.

Dans le débat actuel, l'éternelle polémique sur la trahison des élites en offre une illustration caricaturale. Depuis plusieurs années, des essais fleurissent et remportent les plus grands succès en opposant le peuple et les élites, en dénonçant « la sécession des élites », en traçant une frontière politique entre « la France d'en haut » et la « France d'en bas », en faisant des élites les coupables fonctionnels des malheurs, des traverses et des divisions françaises. Il y aurait des élites mondialisées, égoïstes, opulentes et aveugles, et le peuple maltraité, abandonné, méprisé, marginalisé. Cette fracture sans cesse dénoncée serait la vraie responsable du surgissement des Gilets jaunes, de l'extension d'une France périphérique abandonnée, de la colère des soignants, des enseignants, de la guerre de tranchées de la réforme des retraites, des échecs de la lutte contre le Covid. La France se diviserait, se déchirerait entre une minorité privilégiée indifférente au sort des autres et une large majorité de Français en déshérence, agressée par les progrès de la technologie, déstabilisée par le nouveau monde numérique, une large majorité appauvrie et oubliée. Une frontière virtuelle se creusant sans cesse entre ceux qui, selon des idéologues anglo-saxons tel David Goodhart, seraient de *somewhere* (quelque part) et ceux qui seraient d'*anywhere* (de n'importe où), entre des citoyens enracinés et délaissés et des élites internationalisées, indifférentes au sort de la population. D'un côté les victimes (le peuple), de l'autre les coupables (les élites).

Ces théories ne viennent pas de nulle part, puisqu'elles coïncident avec une montée des populismes qui, même si elle semble marquer le pas en ce moment, a déferlé depuis une quinzaine d'années sur le monde occidental. La France en est directement frappée, ce qui ne signifie en rien qu'une sécession des élites serait automatiquement coupable d'une régression du peuple. Pour commencer, le clivage peuple/élites n'est ni une découverte ni une originalité. Il existait sous la monarchie, il s'est perpétué en se métamorphosant sous les républiques. L'internationalisation des élites, le fait que, culturellement et socialement, les élites d'un pays puissent se sentir plus proches de celles d'un pays voisin que de leur propre peuple n'est pas davantage une nouveauté. Il suffit de se référer à l'Europe du XVIIIe siècle, à l'Europe des Lumières pour s'en convaincre. Par ailleurs, le sentiment de distance sociale est éternel. Le fossé entre les plus puissants et les autres est de toujours. La littérature sociologique des années 1960 mettait déjà en avant, bien plus tôt que la poussée populiste, le sentiment de distance entre « eux » et « nous », entre les gouvernants, les importants de la République et le peuple ignoré des villages et des bourgs. Cette fracture-là a toujours existé, repeinte selon les périodes, les régimes et les phases économiques. La nouveauté est que des idéologues en font aujourd'hui la division suprême, que des politiques populistes partent en guerre contre « la caste », contre « l'oligarchie », contre « les riches », contre « ceux d'en haut ». Or il n'y a pas de passage brutal et unique du peuple aux élites. Il y a au contraire un faisceau de clivages, de fractures, de frontières qui s'enchevêtrent et qui entretiennent justement la malédiction de la discorde, parce qu'en France tous sont constamment valorisés, agités, invoqués dans le débat, promus au-dessus de tout facteur. Dans ce pays, la religion de la discorde l'emporte sur le consensus national. En ce début du XXIe siècle, on est au point culminant de la caricature. Autour de nous, les divisions, les querelles, les affrontements existent aussi, mais le consensus national s'impose.

Par ailleurs, quand on oppose peuple et élites, il faudrait préciser où se trouve exactement la frontière qui les délimite. La classe dirigeante, au sens propre, c'est en effet quelque dix ou vingt mille personnes occupant les postes à responsabilités. Mais quand les idéologues du populisme opposent perpétuellement élites et peuple, ils passent en fait très vite à une tout autre distinction, celle qui différencie le tiers des Français aisés, qualifiés, bien intégrés (cadres, professions libérales, indépendants, classes moyennes supérieures, etc.), des deux tiers des citoyens qui composent les classes moyennes, inférieures et populaires. Or la signification de ces frontières n'est pas du tout la même. La distinction peuple/élites, au sens propre, s'applique à ceux qui exercent effectivement les fonctions d'autorité sociale, politique et économique : les dix mille ou les vingt mille. La différenciation entre le tiers des Français aisés et les autres correspond beaucoup plus aux inégalités de revenus, de qualification, de sécurité de l'emploi. Ces deux frontières ne se recouvrent absolument pas. La « caste » est une infime minorité, les élites sont un bon 30 % des Français.

Quant à la « trahison » des élites au sens littéral (les dix mille ou les vingt mille), elle relève autant de la polémique que de la réalité. Jouer le jeu de la mondialisation pour les dirigeants de grandes entreprises, ce n'est pas trahir mais s'adapter aux nécessités de la concurrence. Les élites économiques et financières françaises ne le font pas plus que leurs homologues étrangers. D'ailleurs, si les élites françaises se distinguent de leurs équivalents chez nos voisins, c'est au contraire parce que la culture de l'État, la tradition de ce qu'on appelle encore ici le colbertisme, y est, y demeure beaucoup plus vive qu'ailleurs. En France, la sphère publique reste la référence majeure de toute la technocratie qui occupe dans ce pays une place sensiblement plus large qu'ailleurs. Elle oblige le secteur privé à transiger avec l'État. Elle imprègne la classe politique. Les libéraux assumés sont dans l'Hexagone moins nombreux et moins respectés que chez nos voisins. La particularité française, c'est le refus de cette conversion. Si trahison il y a – c'est à voir –, les élites françaises trahissent moins que les autres. Ce qu'on appelle trahison des élites, c'est en réalité l'excommunication de la classe dirigeante par ceux qui jouent le jeu du populisme et tentent de transformer les clivages en abîmes. Toujours la passion gauloise de la discorde qu'alimente l'image d'Emmanuel Macron en symbole suprême des élites françaises, donc en cible idéale des populismes.

Est-ce à dire que la querelle des inégalités est pour autant artificielle ? Point du tout. La question des inégalités se pose évidemment ici comme ailleurs, même si elle est combattue plus vigoureusement ici qu'ailleurs. C'est tout le paradoxe français : aucun pays ne combat plus ardemment que la France les inégalités sociales, aucun pays ne rejette autant que la France les injustices sociales, aucun pays ne ressent et n'exprime autant d'amertume et de colère face aux inégalités sociales que la France. Notre nation n'est pas simple ! La France, comme les autres nations, est une terre d'inégalités et d'injustices. Pire, en France comme ailleurs, ces inégalités se cumulent. Les 10 % des Français les plus riches détiennent 50 % du patrimoine. Le phénomène s'accentue spectaculairement au bénéfice des 1 % les plus privilégiés. Un des effets bien connus de la mondialisation et de la financiarisation de l'économie, peut-être le plus redoutable, est que les « super-riches » (les 1 %) accaparent une fraction sans cesse croissante du capital. En revanche, 14 % des Français vivent en dessous du seuil de pauvreté et leur nombre ne diminue pas depuis plusieurs années. Avec le Covid et la crise économique qu'il déclenche, il augmente même de nouveau. En gros, si un tiers des Français vit aisément, un deuxième tiers vit modestement et un troisième tiers très difficilement. Au sein de ce troisième tiers, la moitié ne survit qu'avec l'aide de prestations sociales. Mais il ne s'agit là que de chiffres globaux. Le pire tient au cumul des inégalités et des injustices. Ceux dont les revenus sont les plus modestes sont aussi ceux qui sont le plus mal logés, vivent le plus loin de leurs lieux de travail, se trouvent donc astreints aux plus longs trajets, s'alimentent le plus mal, subissent donc les effets dangereux de l'obésité, sont les plus exposés aux maladies graves et aux pandémies. Ceux aussi dont les quartiers sont les plus frappés par l'insécurité, les plus exposés aux trafics de drogue, les plus mal desservis par les transports publics. Au début du XXIe siècle, dans un pays riche comme la France, la pauvreté ressemble encore à un toboggan sans fin. Il en naît, malgré les aides sociales, un sentiment profond d'injustice, d'abandon, parfois de renoncement. Cruauté supplémentaire, même entre les plus déshérités existent des tensions et des conflits, les travailleurs payés au SMIC regardant du plus mauvais œil leurs voisins de palier vivant exclusivement d'aides sociales, et les

Français de souche plongés dans le dénuement acceptant très mal que des familles d'immigrants obtiennent parfois des logements sociaux qu'ils réclamaient pour eux-mêmes depuis longtemps. Les querelles et les antagonismes se glissent aussi entre les plus pauvres.

Autre facteur aggravant, pesant durement sur les fractures françaises, l'enlisement de la circulation sociale, les lourdeurs infinies de la promotion sociale. Durant les Trente Glorieuses, au milieu des années 1960, l'ascension sociale était une espérance réaliste qui éclairait les perspectives des plus modestes. Le baccalauréat commence alors à se généraliser, l'enseignement supérieur à s'ouvrir, la qualification des travailleurs progresse. Aujourd'hui, le nombre des ouvriers diminue (30 % de la population active en 1981, 20 % en 2019) et les moins qualifiés d'entre eux sont les plus exposés. Parmi les 25-29 ans, 60 % des enfants de cadres supérieurs ont un diplôme universitaire, 30 % des enfants d'ouvriers et d'employés seulement. Les enfants des CSP + (cadres supérieurs) constituent 20 % de leur classe d'âge mais 68 % des étudiants de Sciences Po, 76 % des élèves de l'ENA, 82 % de ceux de l'École polytechnique. La mobilité des 25 % qui se trouvent en bas de l'échelle sociale tend à ralentir. Pour les 10 % les plus déshérités, il faut désormais plus de générations qu'avant pour accéder au simple revenu français moyen.

À ces phénomènes globaux (cumul des handicaps, lenteur des promotions) s'ajoutent des régressions spécifiques qui entretiennent la mélancolie et l'amertume. Il y a d'abord le déclin inéluctable de certaines professions. Il est âprement combattu, il déclenche de durs conflits sociaux, mais il finit par s'imposer lorsqu'il subit le joug de contraintes économiques trop fortes et trop durables. Ce fut le cas dans les années 1950 de l'exode rural qui précipita vers les villes des centaines de milliers d'agriculteurs dont les exploitations n'étaient plus rentables. C'est ensuite ce qui arriva aux mineurs, une profession ouvrière prestigieuse et populaire, dont l'ardeur batailleuse ne put, malgré grèves et manifestations, que retarder les échéances. Puis ce fut le tour de la sidérurgie française, jadis si renommée, sous les coups de la mondialisation qui s'installait ou encore de l'industrie textile, autre point fort français, asphyxiée par une concurrence inégale. Pour toutes ces professions acculées par les métamorphoses économiques, le sentiment d'échec, d'abandon, de déclassement est inévitable et s'étend aux régions – le Nord pour les mines ou le textile, la Lorraine pour la sidérurgie – où se concentraient leurs implantations. La France n'est certes pas la seule nation ainsi sinistrée au sein de la vieille Europe mais, spécificité nationale, l'État est regardé comme n'ayant pas été à la hauteur de son rôle, même si on peut plutôt lui reprocher de n'avoir pas anticipé les évolutions économiques et technologiques et de n'avoir pas suscité le lancement de nouvelles branches industrielles.

Quoi qu'il en soit, la défiance et le ressentiment se sont durablement installés dans ces régions où prospèrent aujourd'hui les populismes. On peut d'ailleurs étendre le phénomène à d'autres secteurs, à d'autres régions, à d'autres professions. Ainsi, l'ascension spectaculaire des métropoles (Paris, Lyon, Marseille, Nantes, Bordeaux, Montpellier, Nice, Lille, Strasbourg, etc.) au détriment des villes moyennes et des petites communes a-t-elle abouti, en France comme ailleurs, à une concentration géographique irrésistible de l'activité économique et de la vie intellectuelle et culturelle, face au déclin, parfois à la désertification de bassins d'emplois entiers. Tous les pays développés connaissent le phénomène. Certains y font face mieux que d'autres (en particulier lorsque les pouvoirs régionaux sont forts), mais toute la littérature sur la France périphérique, la France des oubliés, la France des déclassés vient de là. Le manque d'anticipation depuis un demi-siècle se traduit aujourd'hui par un sentiment d'abandon et de rancœur d'où sont directement issus les Gilets jaunes. Les embarras budgétaires constants ont renforcé ce sentiment d'injustice chronique qui fleurit si aisément en France.

Ceci explique aussi, en plus de la poussée populiste, la montée de l'abstention politique et de la désyndicalisation. Une fraction croissante des Français se sent tenue à l'écart depuis un quart de siècle, sous-estimée et même abandonnée. Elle se défie toujours davantage des institutions, du pouvoir politique et des structures syndicales. Elle ne croit plus qu'élus et syndicalistes soient encore capables de les défendre. Elle ne croit même plus qu'ils en aient envie. Elle se considère comme traitée en citoyens de seconde zone, en sous-citoyens. Alors, elle se venge à sa manière. Dans les années 1970, le taux de syndicalisation atteignait encore 30 %, aujourd'hui il est tombé à 7 ou 8 %, se concentrant d'ailleurs dans les entreprises publiques et quelques branches de la fonction publique. La majorité des salariés ne croit plus que les syndicats puissent les protéger. La déception provoque la désertion. Même chose sur la scène politique : dans les régions sinistrées, dans les quartiers déshérités, on ne vote plus (certains bureaux ont des taux d'abstention supérieurs à 60 %), et quand on vote, on vote en faveur des partis antisystème.

Ce qui se complique encore du fait que la sociologie des élus nationaux correspond de moins en moins aux structures de la population française. Pratiquement plus d'ouvriers parmi les parlementaires, peu d'employés modestes, d'artisans ou de petits commerçants. On est loin de la IVe République ou des débuts de la Ve République. Désormais, le Parlement rassemble des cadres, des chefs d'entreprises moyennes et de start-up, des fonctionnaires, des enseignants. La France élue ressemble de moins en moins à la France qui vote ou qui devrait voter. Avec la victoire impromptue et fracassante d'Emmanuel Macron, cette pente s'est encore accentuée. La France qui gagne remporte la mise, le mode de scrutin aidant, et la France qui perd renonce à voter, s'extrémise ou se fait battre. La lutte des classes n'est plus ce qu'elle était, la bataille politique non plus. Une majorité des Français, ou en tout cas une forte minorité, ne croit plus au progrès qui était le moteur du combat. Elle bat en retraite ou se cabre hors des processus démocratiques classiques. Elle se vit comme livrée à elle-même. Les deux grandes communautés qui structuraient jadis la société se sont, comme on l'a vu, effondrées : le catholicisme et son immense réseau social se recroquevillent, le communisme et son non moins immense réseau social expirent. Restent les Français individualisés malgré eux, isolés les uns des autres, un tiers allant et constructif, un tiers inquiet et attentiste, un tiers sinistré ou tétanisé à l'idée de le devenir. Un peuple d'individus disparates et divisés, querelleurs et mélancoliques. Un peuple fragmenté et fragile.

Et pourtant, paradoxalement, aucun peuple n'est davantage protégé socialement que le peuple français, aucun modèle social n'est plus généreux que le modèle social français. Seuls l'opulent Luxembourg et l'heureux Danemark font aussi bien. Cela vaut selon pratiquement tous les critères. Le Smic (salaire minimum) français est le plus élevé d'Europe. Les retraites françaises, toutes controversées qu'elles soient, sont également les plus généreuses, plus généreuses que celles de la riche Allemagne. Elles sont versées plus tôt, donc plus durablement, et plus haut. Certaines professions (les agriculteurs ou les travailleurs indépendants) sont moins bien loties que les autres, et les femmes, notamment les moins qualifiées d'entre elles et celles dont la carrière a été discontinue, doivent se contenter de très peu. Reste que globalement la France est la plus généreuse. La question qui se pose est en fait de savoir comment maintenir un tel niveau lorsque le pourcentage des cotisants par rapport aux retraités baisse rapidement et que l'espérance de vie progresse encore, même à un rythme moindre. Par ailleurs, la branche maladie de la sécurité sociale affiche un taux de couverture incomparable avec une prise en charge de 100 % pour les affections de longue durée. L'hôpital public a certes besoin de nouveaux investissements et son personnel d'une substantielle revalorisation mais, pour les malades, la couverture française est inégalable. Même chose pour l'enseignement, désormais obligatoire de 3 à 16 ans. Il permet à 75 % d'une classe d'âge d'obtenir le baccalauréat (il est vrai dévalorisé), dont 62 % d'enfants d'ouvriers (un doublement en une génération). 60 % des 20-24 ans ont accès à l'enseignement supérieur. Tout n'y est pas bien réglé, tant s'en faut, en ce qui concerne l'université, mais les portes de l'enseignement supérieur sont, comparées à celles de nos voisins, largement ouvertes. Les grandes écoles se multiplient parallèlement et le pourcentage des boursiers y augmente nettement, même à l'ENA. La question du financement des établissements pour personnes âgées a certes été trop longtemps négligée, mais une nouvelle branche de la sécurité sociale est enfin en gestation. Si l'on tient compte du fait qu'en dehors de l'accaparement du capital par les 1 % les plus riches (périlleux phénomène mondial, source non seulement d'injustice mais d'instabilité), les classes moyennes sont les grandes bénéficiaires de l'évolution sociologique de la France depuis un demi-siècle, notamment les classes moyennes supérieures. On peut définir la France comme un État social, peut-être comme le plus social des États. Ce n'est pas la nouvelle Arcadie, ce n'est pas le modèle économique le plus moderne, mais c'est le plus robuste parapluie social. Emmanuel Macron a entrepris de le transformer à marche forcée, à ses risques et périls, renforçant la solidité financière des entreprises (avant et même depuis la crise du coronavirus) et encourageant la valeur-travail (prime d'activité, heures supplémentaires défiscalisées, allègement de la CSG pour les salariés, aides anti-Covid), créant ainsi tumultes, controverses et avancées, poursuivant cependant une politique favorable aux classes moyennes, désormais classe centrale, peut-être classe pivot de la société. Globalement, la France demeure un modèle social apaisant, même si les Français ne sont pas du tout apaisés.

S'ils se divisent, s'ils se fractionnent, s'ils se combattent, ce n'est cependant pas qu'ils refusent toute forme de solidarité. En France, il n'y a pas de consensus politique, économique ou social, mais il existe un consensus national. En ce sens, la France est moins un « archipel », pour reprendre la désormais célèbre formule de Jérôme Fourquet, qu'un puzzle. Elle apparaît certes fragmentée, sans doute de plus en plus fragmentée, mais ces clivages, ces déchirures n'empêchent pas ces éléments épars de se rassembler pour dessiner et représenter une figure nationale. Les Français se divisent, c'est là leur éternelle malédiction, mais la France est robuste, habituée de longue date à faire face aux démons de la discorde, disposant des armes pour y répliquer. Situation peu banale et, sinon unique, très caractéristique de notre pays.

Pour commencer, il y a trois éléments constitutifs qui conservent toute leur force : l'histoire, la géographie et la langue. Les Français sont fiers de leur histoire, conscients d'appartenir à une nation qui a joué un grand rôle. Ils voient bien que certains épisodes sont aujourd'hui contestés (la colonisation, la guerre d'Algérie), mais 59 % considèrent que la France n'a pas à s'excuser de son histoire. On peut discuter ceci ou cela, mais une nette majorité de Français revendique le patrimoine historique national et en fait un sujet de prestige et même de confiance. Cela relève-t-il plus du roman national que de la science historique ? Peut-être, mais c'est une donnée qui compte : l'histoire de la France rassemble les Français. Le territoire ensuite : la géographie de la France n'est pas un sujet de débat pour les Français. Les Hexagonaux connaissent certes mal la France d'outre-mer et moins encore l'immense façade maritime française (la deuxième du monde), mais le territoire de la France est, en tout cas depuis la fin de la guerre d'Algérie, une évidence française fort peu troublée par des revendications autonomistes, à l'exception relative de la Corse, bien moins qu'en Espagne (Catalogne, Pays basque, Navarre), en Belgique (Flamands contre Wallons), en Italie (revendications autonomistes de la Ligue) ou au Royaume-Uni (Écosse, Irlande, pays de Galles). La France n'est sûrement pas assez régionalisée, mais elle demeure vigoureusement unitaire. De même, la langue nationale unique n'est plus un sujet de débat, quel que soit l'intérêt du basque, du breton ou du corse. Histoire, géographie et langue forment un bloc cohérent et vivace qui n'est pas remis en cause. En ce sens, on peut dire que la France est à la fois une nation forte et un peuple désuni.

D'ailleurs, au-delà de leurs clivages, les Français en conviennent. 83 % pensent qu'« on doit se serrer les coudes » (même si tous ne le font pas), 61 % estiment que les divisions sont « surmontables », faible majorité, tandis que 89 % considèrent, c'est presque un plébiscite, que le débat politique est trop agressif et qu'on entend trop de polémiques. Il y a sans doute ici un dédoublement de personnalité : les Français s'écharpent mais n'aiment pas qu'on s'écharpe. Arès tout, le dernier baromètre Cevipof/Sciences Po de février 2020, l'enquête la plus attendue de l'année, établit que 76 % des Français font confiance à l'armée, 66 % à la police (malgré les polémiques sur les violences), 70 % à l'école publique (malgré les controverses), 69 % à la sécurité sociale, 76 % aux PME (toujours la valorisation du « petit »). Si 28 % seulement font confiance aux syndicats et aux médias, c'est en 2020 que pour la première fois les syndicats réformistes (CFDT, UNSA, CFTC) devancent les syndicats protestataires (CGT, FO, SUD, GGC). Sous François Hollande, la CFDT a ravi la première place à la CGT, une fracture dans l'histoire syndicale. Sous Emmanuel Macron, les réformistes doublent d'un cheveu les protestataires. La France ou le Janus des nations : la France déchirée, la France rassemblée. La France crispée dans la contestation, tentée par la rébellion. La France évoluant lentement, douloureusement : plus la CGT se durcit, plus la CFDT se renforce. Non pas la France introuvable, mais la France duale : le pays de la discorde, le peuple rebelle et la nation solidaire.

C'est d'ailleurs ce que raconte l'histoire de la présidence Macron, une histoire de tensions et de conflits (code du travail, Gilets jaunes, retraites) et une histoire de solidarité (coronavirus). Des conflits sociaux à l'ancienne (travail puis retraite), traversés par un soulèvement impressionnant et inédit (Gilets jaunes) comme si s'esquissait une nouvelle lutte des classes avant que les Français ne se retrouvent et ne se réunissent face à la terrible pandémie. Là encore, un dédoublement bien français, un miroir à deux faces baroque, original et mystérieux. En somme, ce quinquennat de crise se décompose en cinq temps qui sont autant d'épreuves, aussi différentes que possibles les unes les autres, semblables par les difficultés qu'elles soulèvent, opposées par les types d'obstacles qu'elles dressent. D'abord, un conflit archi-classique mais qui n'en finit pas et s'étend sur trois ans : la lutte acharnée d'une fraction significative mais quasi cantonnée dans le secteur public contre les réformes de structures que lance le gouvernement Philippe sous la houlette d'Emmanuel Macron. C'est la bataille contre la modernisation du droit du travail, contre la réforme phare de la présidence Macron, c'est-à-dire la réforme des retraites, contre la crise de l'hôpital et contre les innovations de l'Éducation nationale. Conflits archi-classiques qui s'additionnent sans toutefois jamais se confondre. Tous ont en commun de se situer dans le secteur public, là où se concentrent les forces syndicales, de remettre en cause des situations acquises mais d'échouer à se propager dans le secteur privé ou à se politiser, malgré les efforts stériles de la CGT et les espoirs déçus de Jean-Luc Mélenchon. Opérations de retardement qui s'enracinent malgré les concertations préalables (dix-huit mois en ce qui concerne la réforme des retraites), mais se poursuivent en raison des maladresses de l'exécutif (propositions contradictoires à propos des retraites) ou de l'insuffisance des réformes (plan-hôpital d'Agnès Buzyn dont l'effort essentiel porte sur la réduction indispensable de la dette hospitalière, n'améliorant que fort peu la situation du personnel). À l'arrivée, un mouvement assez fort pour durer mais trop faible pour bloquer. Un soutien de l'opinion en faveur du personnel de santé mais pas des régimes spéciaux des transports publics. Un gros gâchis : la réforme des retraites, bien accueillie dans son principe puis inexorablement brouillée. Au total, une épreuve de force traditionnelle comme la Vᵉ République en a beaucoup connu.

Puis, un mouvement au contraire puissant, original, inattendu, spontané, menaçant, qui prend tout le monde de court, pouvoir, syndicats, partis, élus locaux, médias : la jacquerie des Gilets jaunes. Ce n'est pas la première dans l'histoire française. Mais c'est la première sous la Vᵉ République, peut-être la première depuis la République. Aucun autre pays européen n'a connu quelque chose de comparable. Le soulèvement d'une fraction de la population, une fraction en perdition ou en marginalisation, sous des formes inédites (ronds-points et manifestations hebdomadaires), une violence impressionnante, un désespoir se muant en haine. Il y a dans cette rébellion de la province contre Paris, des petits contre les grands, des composantes très contemporaines (le rôle-clé des réseaux sociaux et de l'information continue) et des composantes éternelles (des couches sociales en danger ou en perdition, des Français dont l'univers vacille au moment où un autre monde se construit). Pas de leader, pas d'organisation, un long soutien de la majorité de la population, fascinée et sentant le désespoir sous la rage. La violence et la haine comme jamais depuis la Libération, à plusieurs reprises au bord de l'émeute. Un choc national impromptu, devant lequel l'exécutif réprime durement puis plie à temps. Une expérience unique, marquante, atypique.

C'est l'explosion de la pandémie du coronavirus qui l'efface, en tout cas pour un temps. Nul n'avait vu venir le coronavirus, surtout pas le gouvernement. Celui-ci doit faire face à une situation de crise, elle aussi inédite depuis au moins un siècle (la « grippe espagnole ») et qui impose une véritable révolution éphémère. Emmanuel Macron et Édouard Philippe, puis Jean Castex doivent faire face à un péril qui impose des solutions si radicales et si hétérodoxes qu'elles balaient tous les principes et toutes les normes : un confinement sans précédent, littéralement inimaginable, de l'ensemble de la population, une économie à l'arrêt, la France tout entière derrière le personnel de santé regardé comme le sauveur de la Nation. Des erreurs, des impréparations, une communication imparfaite, mais une solidarité nationale soudain ressuscitée, un effort collectif majeur, une épreuve dramatique vécue de surcroît en permanence à travers information continue et réseaux sociaux, le cinquième pouvoir reflétant et amplifiant la crise. Un exécutif bousculé par la pandémie, mais qui prend ses responsabilités, décide, et assume. Une phase d'unité, traversée d'inévitables controverses (complotisme, professeur Raoult). Une expérience collective unique, traumatisante et inachevée.

Et puis, la phase de reconstruction et de relance, si périlleuse, si nécessaire, si aléatoire. Emmanuel Macron, cette fois, est à l'offensive. Il s'est jadis battu pour imposer ses réformes avec des bonheurs variables, puis pour faire face aux Gilets jaunes et affronter la pandémie, maintenant il engage le combat de la reconstruction. L'économie est heureusement son terrain de prédilection et la politique européenne son ambition permanente.

Cela tombe bien, car il ne peut faire face à l'effondrement mécanique de la croissance (une économie complètement pétrifiée) et à l'explosion du chômage, son frère siamois maudit, sans une mobilisation de moyens sans précédent dans l'histoire moderne. Cette quatrième épreuve ne fait que commencer et ne trouvera au mieux son terme qu'à la fin du quinquennat, d'autant plus que la deuxième vague du coronavirus si anxiogène brouille de nouveau les perspectives. Le Président hardi, à qui les transgressions ne font pas peur (y compris lorsqu'elles balaient ses propres certitudes), a pu lever deux préalables : convaincre Angela Merkel d'effectuer le grand tournant qui permet enfin de mobiliser toutes les ressources européennes, de les financer collectivement, de les attribuer en privilégiant l'environnement et les secteurs économiques d'avenir, puis engager toutes les ressources françaises pour relancer la croissance : impétueusement, énergiquement pour que ce ne soit pas désespérément. Cette bataille-là, cette crise-là explore, elle aussi, des territoires inconnus et exige compétence et hardiesse. Sera-t-elle gagnée ? Cela dépend de la façon de gérer les clivages français, de faire face à la tentation de la discorde, de piloter la reconstruction malgré les contestations, les mobilisations et les conflits qui ne manqueront pas d'éclater et d'essaimer jusqu'à la fin du quinquennat.

C'est le cinquième temps de ce mandat de crise, celui qui va imprégner et peut-être déterminer la fin du quinquennat, une fin qui ne ressemblera à aucune autre puisqu'il s'agira de lancer et de piloter l'opération de reconstruction de l'économie tout en combattant les résurgences et les séquelles du Covid et en préparant l'élection présidentielle d'avril 2022. Une conjonction évidemment sans précédent, des circonstances aléatoires dont les Français seront les arbitres. On sait ce qui les sépare et ce qui les oppose : gauche contre droite, européens contre souverainistes, couches sociales montantes contre couches sociales descendantes, métropoles contre territoires déshérités, élites contre peuple, mais aussi diplômés contre peu qualifiés, écologistes contre productivistes, la France déchirée, la France éclatée. Face à la crise économique, face à la crise sociale, face à la crise environnementale, face à la crise d'autorité, face à l'insécurité, comment va-t-elle réagir ? Se ressaisir et se rassembler ou se fragmenter, se quereller, voire se soulever ? Emmanuel Macron aura tout d'un pilote de course sur un circuit verglacé. Il ne manque ni d'audace ni de détermination. Saura-t-il, sinon entraîner le pays, du moins faire face aux grèves, aux tensions sociales, aux tentations de désobéissance civile, aux protestations qui surgiront et se multiplieront à l'approche de l'élection, ne les anesthésiant pas ? Combattre la pandémie est une obsession quotidienne, rebâtir la croissance, contenir puis faire régresser le chômage un défi permanent. Dans la France douloureuse et anxieuse d'aujourd'hui, dans le climat électrique et tendu qui s'est installé, l'ampleur de la discorde et les formes nouvelles de la lutte des classes détiennent largement les clés de la réponse. Emmanuel Macron aura la détermination. Aura-t-il la manière ?

Chapitre 5

Une ambition européenne

Emmanuel Macron s'est toujours fait une certaine idée de l'Europe. Aucun autre président de la Ve République n'a donné à l'Europe une telle place au cœur de sa course vers l'Élysée, pas même Valéry Giscard d'Estaing, pas même François Mitterrand. Aucun n'a affiché les couleurs européennes à cette occasion avec tant de force, de conviction et d'insistance. Aucun n'en a fait à ce point, durant son mandat, l'alpha et l'oméga de sa politique étrangère. Dès le livre dans lequel il présentait son projet présidentiel, *Révolution*, il insistait : « L'Europe est le niveau d'action le plus pertinent. » Dès le soir de son élection, sur le parvis du Louvre, il faisait retentir les notes de l'*Hymne à la joie* beethovénien, l'hymne officiel européen. Dès la fin de son premier trimestre au pouvoir, il lançait lors d'un discours retentissant à la Sorbonne son « Initiative pour l'Europe », une Europe « souveraine, unie, démocratique ». À peine élu, il se présentait ainsi sans complexe et sans timidité en nouvel architecte de l'Europe au son des trompettes et des cymbales. L'Europe était en crise, Emmanuel Macron entendait incarner la solution. Il récidivait bientôt avec d'autres discours flamboyants sur le même thème à Athènes devant le Parthénon, puis au Parlement de Strasbourg. Le jeune président français voulait devenir l'homme de la relance de l'Europe, le symbole et le chef de file d'une nouvelle génération européenne plus dynamique, plus novatrice, plus réaliste, plus ambitieuse. À Bruxelles, Berlin, Londres, Madrid, Varsovie, Rome et ailleurs, le retentissement fut énorme, la presse s'enflammant et les chancelleries s'inquiétant. Le nouveau venu passionnait, intriguait, dérangeait. Il surgissait débordant d'idées et d'énergie, incongru et inattendu dans la fourmilière bruxelloise, rompant avec les stratégies millimétrées, les manœuvres précautionneuses et les chuchotements circonspects, totalement indifférent aux codes et aux bonnes manières habituelles, déterminé à rompre avec l'enlisement et le renoncement. L'Europe s'endormait, le projet macronien était de la réveiller en sursaut, sans attendre et sans précaution. En devenant le huitième président de la Vᵉ République, Emmanuel Macron avait bien l'intention de devenir du même coup le nouvel aiguillon de l'Europe. Il ne s'en cachait pas, il le proclamait même. L'Europe n'avait plus de leader mais elle avait désormais un prétendant juvénile et audacieux bien décidé à s'emparer du rôle.

Les circonstances étaient à la fois favorables et redoutables. Favorables parce qu'en 2017, il n'avait pas de concurrent naturel, redoutable parce que l'Europe se trouvait dans une situation pitoyable et même périlleuse. Angela Merkel, plus prudente que jamais, électoralement affaiblie, engagée dans son ultime mandat, ressemblait davantage à une partenaire fatiguée et sceptique qu'à une rivale. Emmanuel Macron dont elle avait souhaité la victoire eut beau se précipiter à Berlin à peine élu, il semblait impossible d'entraîner la chancelière dans une relance de l'Europe. Elle n'avait pas vraiment réagi au discours de la Sorbonne, c'était d'ailleurs assez vexant, et paraissait surtout désireuse de modérer les foucades de ce nouveau président français qui intéressait tant la presse germanique. Le président polonais du Conseil européen, Donald Tusk, un homme estimable, un conservateur modéré assez conformiste, ne s'imposait pas. C'était un arbitre scrupuleux et timoré, pas un chef. Le sympathique et beaucoup plus entreprenant président luxembourgeois de la Commission, Jean-Claude Juncker, était en fin de course et ne possédait plus l'ascendant suffisant. Il disait bien leurs quatre vérités aux Européens résignés, mais il ne les tirait pas de leur léthargie et de leurs égoïsmes nationaux. À Rome et à Madrid, les chefs de gouvernement dépendaient chaque jour de majorités vacillantes. Enfin, à Londres, Theresa May, Première ministre opiniâtre mais enserrée, jetait en vain toutes ses forces à la Chambre des communes pour tenter de trouver un compromis évitant le funeste Brexit. La scène européenne semblait plus déprimante que jamais. Il y avait effectivement une place à prendre et un rôle à saisir pour un président français de 39 ans venant de s'imposer à la surprise générale, provoquant une intense curiosité, surgissant sur la scène européenne en brandissant haut et fort le drapeau bleu ciel aux étoiles dorées.

D'autant plus que l'Europe affrontait justement une crise d'une gravité sans précédent et qu'il fallait réagir ou sombrer. À Londres, le Brexit était à l'ordre du jour, monopolisant l'actualité, convulsant la scène britannique, tétanisant Bruxelles et les autres capitales européennes qui retenaient leur souffle de peur de porter involontairement le coup fatal aux ultimes efforts pour éviter le divorce. Jusqu'ici, l'Europe s'était construite, certes laborieusement, par des adhésions successives. Celles-ci n'étaient pas toujours bien préparées, tantôt trop laxistes (la Grèce, Malte, Chypre, mais comment récuser le berceau de la démocratie et de la culture européenne ?), tantôt très prématurées (les pays de l'Est économiquement archaïques, socialement sinistrés, tout juste arrachés à l'Empire soviétique, mais comment les repousser ?), tantôt très ambiguës (le Royaume-Uni et les pays scandinaves, attirés par le marché unique mais allergiques à toute forme d'intégration, mais comment les traiter ?). Au moins s'agissait-il d'élargissements, de renforts, d'espérances en une Europe qui paraissait s'enraciner patiemment et s'étendre lentement.

Avec le Brexit au contraire, ce qui menaçait, ce qui semblait déjà quasi inévitable lorsque Emmanuel Macron fit son entrée au palais de l'Élysée, c'était un processus de sécession, le début d'un démembrement, l'amorce d'une déconstruction. Même si la Grande-Bretagne n'avait adhéré à l'Union européenne que par nécessité et par intérêt, en aucun cas par enthousiasme ou par amour, même si elle n'avait eu de cesse qu'elle n'arrache des exemptions, des exceptions, des privilèges, même si elle n'était en somme européenne qu'à regret, même si son mariage forcé avec le Vieux Continent avait eu dès le départ quelque chose de morganatique, au moins s'agissait-il d'une alliance avec une grande nation à l'histoire illustre, une puissance mondiale, une puissance nucléaire, détentrice d'un des cinq sièges permanents au Conseil de sécurité de l'ONU, toujours influente au sein de son Commonwealth. L'adhésion britannique avait été un rude combat et la participation britannique une épreuve constante. La perspective du Brexit n'en constituait pas moins un échec sans précédent, une humiliation majeure, peut-être même, c'était ce qui rôdait dans tous les esprits, la mise en marche d'une mécanique mortelle d'éclatement de la laborieuse construction européenne.

D'autant plus que, partout sur le Vieux Continent, la vague populiste et souverainiste ne cessait d'enfler ici, de déferler là. La terrible crise financière de 2008 n'était pas encore absorbée et les peuples, surtout dans les États les plus pauvres qui étaient aussi les adhérents les plus récents, avaient beaucoup souffert. Ils avaient espéré découvrir avec l'Union européenne prospérité et stabilité démocratique, ils voyaient leurs espérances douchées et cédaient sans attendre à l'amertume et au ressentiment. En Pologne et en Hongrie, des gouvernements ouvertement populistes avaient conquis le pouvoir, restreignant la démocratie (justice, médias, universités, libertés individuelles), exigeant toujours davantage d'aides européennes mais bloquant simultanément toute avancée communautaire. En Italie, la Ligue d'extrême droite et le mouvement Cinq étoiles antisystème s'unissaient pour conquérir le pouvoir en maudissant l'Europe. En Bulgarie, en République tchèque, en Slovaquie, le populisme progressait à grands pas. En Allemagne, l'extrême droite ressuscitait et les conservateurs se provincialisaient plus que jamais. Enfin, en France même, on venait de le constater précisément, le populisme avançait sur les deux fronts. À l'extrême gauche, Jean-Luc Mélenchon habillait de son grand talent des thèmes antieuropéens et antilibéraux radicaux. À l'extrême droite, Marine Le Pen venait de se qualifier pour le second tour de l'élection présidentielle. Elle avait certes été balayée mais avec un bien meilleur score que son père en 2002 (34 % au lieu de 18 %). Cette fois-ci, il ne s'agissait plus d'une surprise mais d'une percée. En somme, lorsque Emmanuel Macron fait son entrée à l'Élysée, l'Europe titube et le monde redevient incertain comme jamais depuis le début de la guerre froide en 1947.

L'économie européenne vient de traverser coup sur coup trois crises, une bancaire, une financière et une monétaire. Si les deux premières venaient tout droit des États-Unis, ce qui ne les rendait d'ailleurs pas moins douloureuses, la dernière, la crise de l'euro, était bel et bien d'origine interne. De quoi alimenter la méfiance et la déception des peuples. Plus : à cette occasion, la solidarité européenne s'était bloquée net. En 2008, la réactivité, le charisme, l'énergie de Nicolas Sarkozy (épaulé par le chancelier de l'Échiquier britannique) avait permis de faire front, malgré l'attentisme d'Angela Merkel. Sous le quinquennat de François Hollande, il avait fallu l'habileté et l'opiniâtreté du Président pour éviter que la crise de l'euro emporte la Grèce et menace la monnaie européenne elle-même. Là encore, l'Allemagne d'Angela Merkel avait beaucoup rechigné avant d'accepter le plan de sauvetage. C'est donc une Europe fragilisée, meurtrie, profondément divisée entre pays du Nord rigoureux et pays du Sud plus laxistes, écartelée aussi entre des pays de l'Est ne s'intéressant qu'au marché européen et des pays de l'Ouest attentifs aux valeurs démocratiques et à l'État de droit. Une Europe affaiblie, chancelante, voyant de moins en moins comment éviter le Brexit et endiguer la montée des populismes. Une Europe hautement vulnérable.

D'autant plus que son poids international ne cesse de se réduire et que sa propre cohésion fléchit. Donald Trump apparaît alors solidement installé à la Maison-Blanche. Pour l'Europe, c'est une catastrophe. Le président américain n'est pas seulement le symbole le plus voyant du populisme, c'est un adversaire de l'Europe déclaré, brutal et arrogant. Depuis des années, les présidents américains se détournaient certes déjà du Vieux Continent et regardaient de plus en plus vers le Pacifique. L'Atlantique, c'était le XXe siècle, le XXIe siècle c'était le Pacifique. Barack Obama le proclamait, se désengageant à la hâte et sans gloire du Moyen-Orient et de la vieille Europe. Avec Donald Trump, l'éloignement est encore plus net, jusqu'à la grossièreté. L'« America First », son refrain obsessionnel, se traduit par un unilatéralisme forcené. L'Otan devient une charge irritante et non plus une alliance éternelle. L'Union européenne est traitée sans ambages d'adversaire des États-Unis, d'ennemie de son économie, de rivale abusive de ses entreprises, mendiant une protection militaire et ravissant des marchés. Pour la première fois depuis la Libération, il n'existe plus dans l'esprit du président américain, dont la culture historique est limitée et les connaissances géographiques faibles, de solidarité atlantique, ni même à proprement parler de monde occidental. Son obsession d'avenir, c'est la Chine, l'Europe n'est plus qu'un souvenir importun. La Chine justement, bien plus méthodique et beaucoup moins carnavalesque, menace l'Europe d'une tout autre façon. Elle envahit son marché, prend de plus en plus possession de ses meilleures entreprises et même de ses ports et de ses aéroports, elle distance technologiquement le Vieux Continent, chaque année davantage. Face à elle, l'Union européenne, attachée à la liberté du commerce, fait preuve d'une confondante naïveté, se laisse arracher des marchés et des entreprises d'avenir, sans même parvenir à lui rendre la pareille. Comme de surcroît les intérêts des vingt-neuf pays membres divergent face à cette offensive bien plus subtile que celle de Donald Trump, les quelques tentatives de répliques s'enlisent. Avec Donald Trump, l'Europe perd son principal allié, avec la Chine, elle doit faire face à un concurrent de plus en plus dominateur. De son côté, Vladimir Poutine, s'il ne représente pas un risque économique pour l'Europe, fait de son mieux pour affaiblir politiquement l'Union européenne, jouant sans même s'en cacher de ses divisions et de ses intérêts nationaux contradictoires pour susciter des fractures et des zizanies. Il ne se résout pas à l'émancipation des pays de l'Est, ex-satellites de l'URSS, il ne veut pas d'une puissance politique européenne et il combat ouvertement la lente prise de conscience de la nécessité d'une défense européenne. En somme, en 2017, l'Union n'a jamais été aussi faible et aussi divisée depuis les années 1960. Elle doute d'elle-même, elle constate la montée en puissance en son sein d'un fort mouvement nationaliste. Le Royaume-Uni l'afflige, le populisme l'angoisse, les États-Unis l'abandonnent, la Chine la croque et la Russie fait de son mieux pour la déstabiliser.

Élu par audace et par effraction, Emmanuel Macron déploie sur-le-champ une forte ambition européenne au moment même où l'Union fragmentée et fébrile semble sur le point de s'enliser, voire d'éclater. Si son électorat de premier tour, concentré parmi les cadres supérieurs, les Français diplômés et les retraités aisés, partage ses sentiments et s'intéresse à son projet, il n'en va pas de même du reste de la population. Dans les années 1970, la France croyait à l'Europe et comptait bien y tenir un rôle particulier, celui du lanceur d'idées et de l'inventeur de projets. Valéry Giscard d'Estaing et François Mitterrand ont incarné cette ambition-là. Dans les années 2010, la France est devenue, sondages, baromètres, enquêtes et surtout votes en témoignent, profondément euro-sceptique. Seules les élites et la génération des baby-boomers restent fidèles à l'ambition européenne de la France. C'est dans ces circonstances qu'Emmanuel Macron se lance dans sa croisade européenne.

À vrai dire, sa doctrine européenne n'est pas particulièrement originale. Ce qui la distingue et la différencie de celles de ses prédécesseurs à la présidence, c'est moins sa théorie que sa pratique, sa méthode et, bien sûr, les circonstances exceptionnelles qu'il traverse et qui l'obligent. Tous les présidents de la Ve République ont été à leur manière, certes toutes différentes, des européens. Le général de Gaulle, avant tout souverainiste, n'en a pas moins compris que l'Europe pouvait être, comme il l'a avoué à son confident Alain Peyrefitte, un « levier d'Archimède pour la France », c'est-à-dire un instrument de puissance précieux. D'où son acceptation du marché commun, qu'il avait violemment combattu sous la IVe République (dès son retour au pouvoir en 1958). Georges Pompidou, moins pétri d'histoire et plus pragmatique, avait accepté l'entrée de la Grande-Bretagne dans l'Europe, levant ainsi le célèbre veto gaullien. Valéry Giscard d'Estaing, grand européen de cœur et presque de religion avait, en compagnie de son ami Helmut Schmidt, chancelier d'Allemagne, jeté les bases de l'Europe monétaire, mis en place l'élection du Parlement européen au suffrage universel direct, bref renforcé une construction qui menaçait déjà de se disloquer. François Mitterrand avait prouvé qu'un président de gauche pouvait se montrer tout aussi européen qu'un président de droite et, devant la colossale surprise qu'a constituée la réunification de l'Allemagne, bouleversant l'équilibre du Vieux Continent, avait copiloté avec son ami Helmut Kohl l'invention de l'euro et l'élargissement post-soviétique, un moment historique. Jacques Chirac, le moins européen d'instinct des présidents français, avait néanmoins porté l'euro sur les fonts baptismaux et préconisé (en vain) le « oui » au projet de Constitution européenne. Nicolas Sarkozy avait, on l'a dit, fait front à la crise financière et renforcé les instruments de l'Europe politique par le très impopulaire mais assez efficace traité de Lisbonne. François Hollande avait bataillé pour défendre la Grèce et sauvegarder la monnaie européenne. Emmanuel Macron était en ce sens l'héritier d'une lignée de présidents français, tous acteurs majeurs de la construction européenne.

Plus : il se présentait aussi en continuateur de la doctrine européenne de la France. Pour Paris, largement à l'origine de l'Union européenne (Jean Monnet, Robert Schuman, l'appel du 9 mai 1950), il existe une spécificité française en Europe : un rôle d'entraînement, en tandem nécessaire avec l'Allemagne mais aussi l'objectif plus particulièrement tricolore d'une Europe-puissance pour peser collectivement sur les affaires du monde, un projet politique autant qu'économique, à la différence des États du nord et de l'est de l'Europe. La volonté constante mais jamais victorieuse d'intégrer prioritairement l'économie avant d'élargir l'Union à de nouveaux membres, à l'inverse des préférences et des intérêts de l'Allemagne. Asseoir aussi la suprématie du Conseil européen des chefs d'État et de gouvernement sur la Commission de Bruxelles et implicitement, de l'exécutif européen sur le Parlement européen, toujours la marque du système néo-présidentiel de la Ve République, à la différence des systèmes parlementaires du reste de l'Europe. Autre objectif de Paris, un pôle européen autonome et fort au sein de l'Otan, singularité française et sujet de friction perpétuel avec les autres États-membres. Également une vocation sociale de l'Europe, ambition très latine mais jusqu'ici embryonnaire ; enfin la volonté d'achever l'union bancaire et de donner un contenu digne de ce nom à l'Europe budgétaire. Au total, un engagement profond et énergique, une ambition française en Europe, pour l'Europe et par l'Europe. Un quasi-corps de doctrine, échafaudé au fil des décennies, de président en président, jamais proclamé tel quel mais toujours poursuivi comme par une chaîne historique, malgré le saut des générations, les différences politiques et les difficultés de cohabitations. Une culture française, typiquement française de l'Europe, irritant fréquemment nos partenaires, soulevant des conflits mais préservant une marque spécifique.

Une culture présidentielle aussi, car le chef de l'État français, grand maître de la politique étrangère et militaire, dispose d'une marge de manœuvre que ne possèdent pas ses homologues européens. Chez les vingt-huit, bientôt vingt-sept autres États-membres européens, tous en régime parlementaire, la politique européenne se décide sous le strict contrôle du Parlement, avec l'aval obligatoire des partis de la majorité : c'est donc un pouvoir partagé, un compromis perpétuel. En France, le chef de l'État est au contraire quasiment le maître de la politique extérieure. Illustration bien connue : à l'issue des Conseils européens, les chefs de gouvernement des autres pays doivent se concerter avec leurs ministres et leur majorité. Seul le président français peut décider, trancher et faire connaître ses choix sans contrôle parlementaire effectif : proportionnellement plus puissant que ses homologues, moins contrôlé et beaucoup moins démocratique. La politique étrangère et européenne reste le domaine réservé du président français, bien que la Constitution n'en dise rien. Tous sans exception y auront consacré une bonne part de leur activité, la moins visible, souvent la plus utile. Ici, Emmanuel Macron poursuit résolument la tradition.

Il va de soi que chaque président français ajoute aussi sa marque, son style et son tempérament : épique avec le Général, prosaïque avec Georges Pompidou, conceptuel avec Valéry Giscard d'Estaing, lyrique avec François Mitterrand, laborieux avec Jacques Chirac, dynamique avec Nicolas Sarkozy, agile avec François Hollande, ambitieux avec Emmanuel Macron. Le huitième de la liste présidentielle de la Ve République est ainsi le seul à défendre ostensiblement une théorie de la double souveraineté, souveraineté nationale et souveraineté européenne sur le même rang, proclamées et complémentaires. Il est celui qui souligne le plus ouvertement, à l'intention notamment des pays de l'Est, que l'Europe ne doit pas être seulement un marché mais tout autant un projet. Il précise, plus qu'aucun de ses devanciers, que l'Europe doit être protectrice pour ses citoyens, que ce soit en matière de défense (il a bien du mal), d'immigration (il est beaucoup mieux accueilli), de politique sociale (il est poliment applaudi), de lutte contre le terrorisme ou la grande délinquance (il est approuvé). Il apparaît ainsi comme le président français le plus maximaliste, le plus ardent, le plus allant en matière européenne. Le plus décomplexé. Position d'autant plus singulière que l'Europe est, comme on l'a vu, plus contestée que jamais, plus menacée par les circonstances. Elle l'est par sa faiblesse face à la mondialisation, par son impuissance face à l'immigration, par son inexistence face aux risques militaires croissants. Les États-Unis, la Chine et même la Russie malgré ses limites budgétaires réarment ; l'Europe reste largement à découvert, sans défense commune, sans moyens financiers suffisants dévolus, sans industrie militaire intégrée. Emmanuel Macron s'inscrit donc résolument à contre-courant de la passivité européenne. Par ses idées, certes, modernisant et approfondissant celles de la dynastie élyséenne, mais surtout par sa méthode et par son comportement. Pour rompre avec le déclin de l'idée européenne, pour refuser la passivité européenne, la résignation européenne, il choisit aussitôt la disruption systématique. Il s'appuie sur l'extrême difficulté des circonstances pour préconiser un grand bond en avant. Il joue des périls, des contradictions, des blocages et des égoïsmes nationaux pour imposer le débat, défier les tabous, provoquer le réveil, bousculer les procédures, frapper les esprits. Sur la scène européenne comme sur la scène nationale, il procède par effraction. Il dissone, il défie, il accuse, il met en demeure. Il est celui, il choisit d'être celui qui proclame que l'Europe est nue et qu'il est temps de la vêtir. Pour cela, il transgresse, il menace, il hausse le ton, il transforme l'art de la diplomatie en épreuve de force perpétuelle. Puisque les codes endorment, que les bonnes manières assoupissent, il les brise pour imposer le débat. Il avance et il défie.

Cela ne lui vaut pas, cela va de soi, que des amis et des succès. Emmanuel Macron s'est fait une spécialité de forcer les blocus. C'est sa méthode et son style. C'est un pari. Ainsi, dès son entrée en fonction, se trouve-t-il confronté à l'urgence du Brexit. Face à Theresa May puis à Boris Johnson, les deux Premiers ministres conservateurs qui se succèdent, il se montre tour à tour ouvert avec la première qui cherche une issue négociée, puis très rude avec le second qui veut rompre à la britannique, c'est-à-dire en imposant le divorce tout en touchant en prime la pension, en l'occurrence des concessions commerciales et financières léonines. Emmanuel Macron s'affiche alors comme le plus intransigeant des dirigeants européens, le plus décomplexé aussi.

Face aux deux gouvernements populistes (Hongrie et Pologne), il ne mâche pas ses mots, polémique brutalement. D'ordinaire, ce sont les populistes qui haussent le ton et crient le plus fort, alors que les autres Européens défendent poliment l'État de droit. Le président français, lui, n'hésite pas à lier ouvertement le montant des subventions européennes au respect des valeurs démocratiques. Cela provoque quelques passes d'armes spectaculaires qui tendent le climat mais poussent Budapest et Varsovie à ne pas franchir la ligne rouge. Angela Merkel manœuvre, Emmanuel Macron charge.

Face à Vladimir Poutine, le jeune président français crée l'émoi. À peine élu, il le reçoit en grande pompe à Versailles mais n'hésite pas à lui tenir tête et à le mettre en garde contre ses ingérences électorales, ce qui ne l'empêche pas de créer le scandale en préconisant bientôt de « réinventer une architecture de sécurité et de confiance entre l'Union européenne et la Russie ». Plus tard, il prône un dialogue « lucide, robuste et exigeant », proclame vouloir instaurer une « relation stratégique avec Vladimir Poutine ». C'est l'affolement à l'Otan, la fureur à Varsovie, l'anxiété dans les pays baltes, l'incompréhension à Berlin, d'autant plus que le président français ne prévient pas toujours la chancelière allemande de ses initiatives. De même n'hésite-t-il pas à braquer ses partenaires en bloquant les négociations d'adhésion de l'Albanie et de la Macédoine du Nord. Irrité de la lenteur éternelle avec laquelle progressent les dossiers (défense, budget, fiscalité carbone ou GAFA, Europe bancaire) il applique froidement la doctrine française : pas d'élargissement sans approfondissement préalable. Il le fait sans prendre de gants.

La bataille des désignations aux postes clés, après les élections européennes du printemps 2019 (nouveau

Parlement, nouvelle Commission, nouveau président du Conseil européen), constitue à la fois une autre passe d'armes et un nouvel exemple de sa technique des coups d'éclat. Il s'est ostensiblement engagé dans la campagne électorale. Il avait choisi une mauvaise tête de file pour la République en marche (Nathalie Loiseau, bonne technicienne mais piètre politique), il lui faut donc s'investir personnellement pour remonter le courant. Il publie – fait sans précédent de la part d'un chef d'État en campagne électorale européenne – une tribune intitulée « Renaissance de l'Europe » dans les vingt-neuf pays membres. Il accorde plusieurs interviews, donne de sa personne et parvient finalement à un score honorable (22,4 %), supérieur aux pronostics, faisant presque jeu égal avec le Rassemblement national de Marine Le Pen mais n'égalant pas, et de loin, ceux de ses pairs en Allemagne, Espagne ou Italie.

Il entame alors un bras de fer inédit pour placer ses candidats ou ses alliés. Il fait adhérer les élus LREM au groupe libéral/centriste qui parvient ainsi pour la première fois à devenir la force d'appoint nécessaire pour toute majorité au Parlement européen. Ainsi prend fin l'historique condominium entre sociaux-démocrates et conservateurs au Parlement de Strasbourg, et vole en éclats le principe du « Spitzenkandidat » (le parti arrivé en tête ayant vocation à désigner le nouveau président de la Commission). C'est un coup de force, préparé avec Angela Merkel, avec beaucoup de réticence chez la chancelière. En fait, Paris et Berlin imposent Ursula von der Leyen, ministre du gouvernement d'Angela Merkel, à la tête de la Commission. Christine Lagarde, directrice générale du Fonds monétaire international, ancienne ministre des Finances de Nicolas Sarkozy, est nommée à la tête de la très convoitée Banque centrale européenne. Le Belge Charles Michel, proche du palais de l'Élysée et de la chancellerie de Berlin, est promu à la tête du Conseil européen. C'est très bien joué, très novateur mais très iconoclaste. Le PPE (droite européenne), les sociaux-démocrates et les écologistes se sont fait forcer la main. La grande majorité des États-membres considère que le tandem franco-germanique a imposé sa solution et tient à juste titre Emmanuel Macron pour principal responsable. Le Parlement européen se venge aussitôt en récusant la candidate française au poste de commissaire européen, Sylvie Goulard : une excellente candidate, supérieurement préparée, de bonne envergure, malheureusement compromise dans une affaire de lobbying (le Parlement européen ne plaisante pas avec l'éthique, c'est tout à son honneur), mais surtout d'un macronisme rédhibitoire. Mauvais perdant, le président français fait connaître sèchement son irritation, à la grande joie des députés européens ; il parvient néanmoins à faire accepter sans difficulté son candidat de rechange, Thierry Breton. C'est beaucoup mieux qu'un lot de consolation, car l'ancien ministre de l'Économie de Nicolas Sarkozy, grand chef d'entreprise depuis lors, a largement le niveau de ses nouvelles fonctions et obtient d'ailleurs aisément une vice-présidence stratégique de la Commission. Au total, Emmanuel Macron et Angela Merkel ont marqué de leur empreinte la nouvelle équipe européenne. Jamais la constitution de celle-ci n'avait fait en soixante ans l'objet de pareils combats. Emmanuel Macron fait figure de vainqueur mais Angela Merkel de bénéficiaire. Berlin en est complimenté, Paris en est blâmé. Les « petits » pays membres et le nouveau Parlement de Strasbourg ont été bousculés. Ils ne l'oublieront pas. Angela Merkel sera vite pardonnée. Emmanuel Macron ne sera pas absous.

De toute façon, les tensions et les polémiques qui ont surgi à propos du renouvellement des instances dirigeantes européennes sont peu de choses à côté de l'énorme déflagration diplomatique que provoque la célèbre interview d'Emmanuel Macron au prestigieux hebdomadaire britannique *The Economist*. Celui-ci est le missel et même la bible des milieux dirigeants du monde entier. Les annonces, les réactions d'urgence se font certes à la télévision, les polémiques se passent sur Twitter, mais les réflexions approfondies, les analyses ambitieuses, *a fortiori* les tournants doctrinaux ne peuvent rêver lieu plus solennel que *The Economist*. C'est donc là qu'Emmanuel Macron détaille en novembre 2019 sur seize longues pages sa doctrine diplomatique et stratégique, la nouvelle doctrine française. C'est peu dire qu'elle éclate comme une bombe politique. Le président français y livre le fond de sa pensée le plus carrément, le plus théâtralement du monde, à propos de l'Europe, de l'Otan, de la Russie, de la Chine, de Donald Trump ou de Vladimir Poutine. Loin du langage diplomatique et des propos millimétrés des chancelleries. Emmanuel Macron accumule les phrases les plus iconoclastes, les formules les plus crues, les plus délibérément abruptes. Il vide littéralement son sac et chacun comprend bien qu'il ne s'agit pas d'un mouvement d'humeur ou d'une manœuvre de circonstance mais au contraire de l'aboutissement, certes mis en scène, certes calculé pour prendre tout le monde de court, d'une nouvelle approche française des relations internationales. C'est un tournant et c'est un choc. Emmanuel Macron abat son jeu sur la table et étale ses cartes diplomatiques et militaires. Depuis son élection deux ans plus tôt, il passe pour un nouvel acteur de poids, séducteur et dynamique, mais là, on est réellement dans la diplomatie de rupture, un oxymore rarissime, notamment dans le camp occidental.

Premièrement, « ce qu'on est en train de vivre, c'est la mort cérébrale de l'Otan », c'est-à-dire de ce Pacte atlantique qui depuis 1949 cimente l'alliance militaire et politique des pays occidentaux derrière le drapeau américain. L'alpha et l'oméga de la diplomatie mondiale. Le général de Gaulle l'avait certes déjà rudement mis à l'épreuve en annonçant en 1966 le retrait de la France de son organisation militaire. Emmanuel Macron va encore plus loin. Jacques Chirac puis Nicolas Sarkozy avaient, à l'opposé du Général, franchi quelques pas vers un retour progressif de la France dans l'Otan. Voilà qu'Emmanuel Macron proclame la mort ou au moins le coma de la plus longue et de la plus puissante alliance militaire du XXe siècle. Cette fois, on est bien loin des péripéties politiciennes, on est presque aux pieds de l'Histoire. Car Emmanuel Macron argumente naturellement son propos et chacun de ses arguments constitue une petite bombe. « La question de la finalité actuelle de l'Otan est une vraie question à se poser », lâche-t-il sans détour. De fait, depuis l'effondrement de l'Union soviétique et la dislocation du pacte de Varsovie, l'objectif, la doctrine et la stratégie de l'Otan vacillent, se brouillent, et se camouflent. L'Otan n'est-elle pas intervenue, dans la crise de la Serbie avec le Kosovo, hors de son champ naturel ? N'a-t-elle pas accepté de participer à l'aventure militaire stérile en Afghanistan, à des milliers de kilomètres de son territoire ? N'est-elle pas restée passive et impuissante lors de l'annexion de la Crimée par la Russie en 2014 ? N'y a-t-il pas urgence à redéfinir une doctrine, un mode d'emploi ? Ne faudrait-il pas une fois pour toutes traiter au fond la question de son financement ? Est-il légitime, est-il durable, est-il possible que les États-Unis en supportent l'essentiel de la charge, en possèdent l'essentiel des moyens et, bien sûr, des commandements ?

D'ailleurs, les États-Unis n'impliquent-ils pas l'Otan au Moyen-Orient (Syrie, Irak), et ne prennent-ils pas unilatéralement des décisions stratégiques sur le terrain ? N'évitent-ils pas soigneusement d'aborder la question de la Turquie, membre important de l'Otan n'hésitant pas à coordonner néanmoins son action militaire avec la Russie, voire à lui acheter du matériel sophistiqué tout en prenant de grandes libertés avec le droit international maritime en Méditerranée au détriment de la Grèce, autre membre de l'Otan, ou encore en intervenant obliquement en Libye et au Haut-Karabakh ? L'alliance atlantique n'a-t-elle pas pénétré dans une zone de brouillard politique et stratégique depuis des décennies, brouillard brutalement épaissi depuis que l'imprévisible et chaotique Donald Trump est entré à la Maison-Blanche ? Le président américain ne démantèle-t-il pas des accords de désarmements nucléaires sans prendre l'avis de quiconque ? Pire, ne se montre-t-il pas ambigu sur son attachement à l'Otan, sur l'automaticité et la clarté de son principe cardinal, le fameux article 5 qui postule l'engagement automatique en faveur de tout membre de l'Alliance agressé ? En somme, Emmanuel Macron pose de front dans *The Economist* les questions que depuis deux décennies les membres de l'Otan s'évertuaient d'écarter et auxquelles les États-Unis se dispensent de plus en plus de répondre. Il piétine ainsi délibérément les tabous, il renverse les totems, mais surtout il impose le débat que tout le monde esquivait, il devient celui par qui le scandale arrive.

Il va de soi que les réactions sont proportionnelles au bruit et à la fureur déclenchés. Si les opinions publiques trop éloignées de ces questions demeurent paisiblement indifférentes, il n'en est pas de même des dirigeants politiques. L'émoi est immense, la gêne est générale, l'inquiétude et l'incompréhension tournent au psychodrame diplomatique. D'autant plus que, non content d'apostropher abruptement l'Otan, Emmanuel Macron développe dans *The Economist* ses thèses hétérodoxes et même hérétiques à propos de la Russie. N'assure-t-il pas que Moscou n'est plus un ennemi et doit devenir un partenaire ? Ne met-il pas en garde contre le risque de pousser la Russie vers la Chine ? Ne plaide-t-il pas pour que l'on rouvre un « dialogue stratégique sans naïveté avec la Russie ? » Il y a du mérite, ou au moins de l'audace, car Poutine a combattu ouvertement son élection et se comporte sans cesse en adversaire de l'Europe. Le président français veut cependant croire (ou feindre de le faire) qu'à propos de l'Ukraine, de la Syrie, de la Libye, il est plus utile de discuter avec Vladimir Poutine que de l'affronter systématiquement. Il tente d'ailleurs d'établir un lien direct avec l'homme du Kremlin, tout agressif et nationaliste qu'il soit, il le reçoit ostensiblement au fort de Brégançon avant le G7 de Biarritz dont la Russie est exclue depuis les affaires de Crimée et d'Ukraine. Il a facilité le retour de la Russie au sein du Conseil de l'Europe, initiative d'ailleurs contestable tant Vladimir Poutine se moque de l'État de droit. Emmanuel Macron n'a décidément pas peur de souper avec le diable sans doute parce qu'il se croit muni d'une longue cuillère.

Il faut plus d'un sommet de l'Alliance atlantique pour faire retomber les vagues et même les tempêtes déclenchées par le chef de l'État qui, ayant obtenu son effet, rouvert le débat et fait exploser une à une ses grenades diplomatiques, s'empresse de confirmer son plein engagement au sein de cette alliance qu'il vient de tant secouer. Ses partenaires européens, en premier lieu Angela Merkel (qu'il n'avait pas prévenue de sa grande offensive diplomatique et qui s'en montre marrie), n'en demeurent pas moins estomaqués et méfiants. Donald Trump, lui, est moins troublé par cette diplomatie de choc qu'il pratique lui-même assidûment. Le président français sort de cet épisode décidément catalogué comme audacieux, iconoclaste et néanmoins cohérent. Assurément atypique et n'hésitant pas à jouer un jeu personnel, voire solitaire.

Par ailleurs, sa charge téméraire à propos de l'Otan n'épuise pas le tourbillon que soulève son interview à *The Economist*. C'est qu'il y aborde de front avec la même impétuosité, avec la même franchise délibérée, avec la même exigence, les questions de fond que soulève l'Europe. Déjà, quelques mois plus tôt, il avait intrigué en taillant en pièces devant l'OIT (Organisation internationale du travail) un capitalisme « devenu fou » par ses dérives financières et commerciales, alors qu'il faudrait revenir à « l'économie sociale de marché où chacun trouve sa part ». Le libéral baignant dans la mondialisation s'avère aussi (son livre *Révolution* le laissait déjà entendre) convaincu qu'il faut mettre de l'ordre dans une économie internationale fragilisée par les guerres commerciales et les spéculations. Il n'entend pas davantage s'éloigner du « modèle rhénan » qui veut concilier économie de marché et modèle social protecteur. Dans *The Economist*, il va cependant bien plus loin. Décidément friand de formules funèbres aiguisées pour frapper, il précise « l'Europe a perdu le fil de son histoire… a oublié qu'elle était une communauté en se pensant progressivement comme un marché » et pire, comme un marché « construit comme le “junior partner” des Américains ». Et d'avertir : « L'Europe, si elle ne se pense pas comme puissance dans ce monde, disparaîtra » avant de détailler les faiblesses, les timidités, les refus de regarder la situation en face. L'Europe aveugle volontaire. L'Europe incapable d'affronter la réalité, de prendre les décisions.

La conjoncture, il est vrai – Brexit, flambée des populismes, foucades de Donald Trump, offensive chinoise, divisions européennes – lui donnent des arguments solides. Jamais cependant pareils propos, aussi dramatiques que théâtraux, n'avaient été formulés sur ce sujet par un président français. Devant de tels périls, Emmanuel Macron remet même subitement en cause les principes budgétaires auxquels l'Europe, l'Allemagne en tête, mais aussi Bruxelles et les autres capitales orthodoxes, tenaient plus qu'à tout : « Le débat autour des 3 % dans les budgets nationaux, et du 1 % du budget européen est un débat d'un autre siècle. » C'est mettre en pièces les Tables de la Loi, c'est piétiner les dogmes, imposés notamment par Berlin et les pays européens du Nord depuis la mise en œuvre de l'euro.

Devant l'urgence, devant la catastrophe qu'il redoute, devant le scénario d'une dislocation de l'Europe, Emmanuel Macron déclenche délibérément la polémique, impose un débat fracassant. C'est le tocsin et, partout en Europe, dans les milieux politiques et économiques, la stupéfaction et l'inquiétude. Les uns parlent d'« arrogance française », les autres de « bonapartisme ». La presse allemande qui, en 2017, le décrivait comme « l'enfant prodige de la politique française » dénonce maintenant son « cavalier seul ». Angela Merkel, son interlocutrice majeure, sa partenaire incontournable, Angela Merkel si retenue lui lance quelques jours plus tard lors du trentième anniversaire de la chute du mur de Berlin : « Je comprends ton goût pour la politique de disruption, mais j'en ai assez de ramasser les morceaux. »

La méthode, il est vrai, rompt avec toutes les règles diplomatiques et toutes les bonnes manières entre gouvernements amis et alliés. L'objectif est cependant atteint. Emmanuel Macron réveille en sursaut ses partenaires, impose la discussion. *The Economist* ponctue d'ailleurs : « Qui d'autre en Europe a une vision géopolitique ? » Il y a des moments où la stratégie des coups d'éclat s'impose. Emmanuel Macron aura été l'artificier de l'Europe. Le tempérament effectivement bonapartiste du président français l'a entraîné à passer outre les convenances mais le problème est posé. Le hasard fera que l'irruption de la crise du coronavirus contraindra justement quelques mois plus tard seulement l'Europe à jeter ses règles et ses dogmes par-dessus les moulins, à se réinventer. Emmanuel Macron aura au moins sonné le clairon.

En matière militaire, avec naturellement plus de précaution et de technicité – il s'agit de la guerre et la paix –, il multiplie également les mises au point et les explorations doctrinales. Il a, en février 2020, prononcé devant l'École de guerre un discours sur sa doctrine militaire, comme chaque président français en prononce un au cours de son mandat. Les propos sont cette fois longuement élaborés, leur expression est soigneusement millimétrée. Il assure de sa « fidélité aux engagements dans l'Otan », un préalable nécessaire pour être audible. Il souligne cependant la nécessité de renforcer un « pilier européen au sein de l'Otan », vieille revendication française, héritée en particulier de Jacques Chirac mais qui n'a jamais convaincu nos partenaires européens, obsédés par la priorité absolue du parapluie américain.

Le huitième président français annonce une modernisation de la force nucléaire (37 milliards prévus entre 2019 et 2025) afin de maintenir son niveau de crédibilité. Il avance cependant que « les intérêts vitaux de la France ont désormais une dimension européenne » et il propose un « dialogue stratégique » à nos vingt-sept partenaires, le Royaume-Uni restant partie prenante et allié très proche en matière militaire. L'accueil de nos partenaires est d'ailleurs plus glacial que chaleureux. Emmanuel Macron met aussi en place une loi de programmation militaire nettement plus ambitieuse que celles qui l'ont précédée sous les mandats antérieurs. Il avait mal commencé avec les forces armées françaises (la démission fracassante du général Pierre de Villiers, chef d'état-major des Armées), mais son implication est devenue évidente et son intérêt pour les questions de défense n'a cessé de croître, comme cela s'est produit pour tous les présidents français au fil de leurs mandats. Chef constitutionnel des armées, Emmanuel Macron prend son rôle très au sérieux. Il veut moderniser les équipements militaires français, trop souvent fatigués ou épuisés, augmenter les entraînements, recruter un personnel plus fidélisé. Il renforce l'engagement de la France en Afrique, plus particulièrement au Sahel. Il multiplie les efforts pour que nos partenaires européens s'associent à cette opération coûteuse, y compris en effectifs, mais imposée par la nécessité de lutter contre le djihadisme, de plus en plus implanté dans cette région et menaçant directement la stabilité de plusieurs États. À dire vrai, si les forces françaises marquent à plusieurs reprises des points sur le terrain, les armées africaines essuient de fortes pertes. Quant à nos partenaires européens, s'ils concèdent quelques gestes financiers, envoient du matériel et des instructeurs, ils nous abandonnent l'engagement direct. La France reste la seule puissance militaire européenne vraiment impliquée dans ce combat ingrat et crucial. Notre histoire africaine n'en finit pas de se poursuivre avec Emmanuel Macron comme avec ses prédécesseurs, arrachant des résultats contradictoires et contestés, honorables et frustrants. Là-bas, les victoires sont toujours provisoires et les stratégies s'ensablent. Les chefs militaires français sont d'ailleurs les premiers à le proclamer.

Le Président essuie également des déceptions répétées en ce qui concerne la défense européenne. Il a beau faire le maximum pour entraîner Angela Merkel et quelques autres membres de l'Union, le résultat demeure modeste. Certes, à force d'insister, il obtient le lancement d'un programme pour un « avion du futur », et d'un autre pour un « char de combat du futur », embryon d'une industrie européenne de la Défense. Quelques États s'y intéressent. On lui concède aussi une « initiative européenne d'intervention », c'est-à-dire une force de réaction rapide. Sa taille n'atteindrait même pas celle d'une division. On prévoit par ailleurs un maigre budget, ainsi que le renforcement d'un corps de garde-côtes et de garde-frontières. Tout cela demeure embryonnaire. Les Européens sont conscients de la faiblesse de leur défense mais préfèrent s'en remettre aux États-Unis, malgré l'imprévisibilité de Donald Trump. Sur le Vieux Continent, la France demeure comme toujours depuis la naissance de la Ve République la seule force militaire significative. C'est un atout et une faiblesse, un atout parce qu'elle permet à la France d'avoir une diplomatie autonome et un poids politique particulier, une faiblesse parce qu'elle ne constitue même pas le noyau originel d'une défense européenne. La France rêve d'une défense européenne autonome qu'elle est seule à vouloir. Emmanuel Macron ne peut rien changer à cette réalité-là.

En revanche, moins l'Europe existe sur le plan militaire et diplomatique, plus la France et son Président peuvent rêver de demeurer ce qu'Emmanuel Macron appelle une « puissance d'équilibre ». En fait, la France du XXIe siècle se bat comme auparavant pour jouer un rôle en s'employant à préserver le multilatéralisme. C'est aller à l'opposé de la géopolitique qui se dessine. Les États-Unis, la Chine et la Russie pratiquent à des degrés divers l'unilatéralisme. C'est éclatant avec un Donald Trump qui le proclame, le pratique et même le théorise : seuls comptent les intérêts américains, les entreprises américaines, le règne du dollar et la primauté de Wall Street. La puissance militaire américaine est mise au service de la puissance économique américaine. La politique commerciale américaine ne cherche qu'à privilégier les entreprises américaines. Donald Trump méprise les institutions internationales et ne connaît que les rapports de force. Vladimir Poutine, avec des ressources bien moindres, mais un savoir-faire nettement supérieur, agit ainsi dans sa sphère d'influence en Europe et au Moyen-Orient. Il renforce sa puissance et sa présence militaires et il utilise ses abondantes ressources énergétiques pour élargir son emprise.

Emmanuel Macron tente néanmoins de jouer la carte du multilatéralisme, donc du dialogue, de la concertation, de la négociation au milieu de ces ambitions impériales. Donald Trump vide le G7 de sa substance, Emmanuel Macron, hôte à Biarritz en août 2019, parvient à lui rendre un lustre éphémère en le faisant précéder de l'invitation théâtrale de Vladimir Poutine à Brégançon et en conviant, à la surprise générale, le ministre des Affaires étrangères iranien. Il apprivoise même le tumultueux président américain le temps d'un week-end. Il cherche aussi à promouvoir un G5 composé des cinq membres permanents du Conseil de sécurité des Nations unies afin de raffermir le dialogue entre eux. Il se dépense pour accueillir au palais de l'Élysée le Russe Vladimir Poutine, l'Ukrainien Volodymyr Zelensky et l'Allemande Angela Merkel pour faire avancer le dossier ukrainien. Lorsqu'il reçoit au palais de l'Élysée le numéro un chinois, il prend l'initiative judicieuse d'inviter Angela Merkel et Jean-Claude Juncker. Bref, Emmanuel Macron fait ce qu'il peut pour injecter un peu de douceur multilatéraliste dans le monde de brutes unilatéralistes qui l'entoure.

Il ne ménage pas sa peine. La première année de son mandat, il ne fait pas moins de quarante-trois voyages à l'étranger pour pousser ses idées et expérimenter sa méthode. Il joue de sa jeunesse et de sa nouveauté. Il possède un talent de metteur en scène pour employer au mieux les cadres historiques prestigieux de la France. Il remporte des succès médiatiques : *Time Magazine*, *The Economist*, le *New York Times*, les titres les plus prestigieux lui consacrent des couvertures flatteuses. Toujours revient l'hypothèse selon laquelle il pourrait être le leader dont l'Europe a besoin, éventualité naturellement flanquée d'un préalable rituel : saura-t-il pour commencer réformer son propre pays, sortir de ces crises perpétuelles que suscitent ses tentatives de modernisation ? De fait, la succession de la jacquerie opiniâtre des Gilets jaunes puis de la longue bataille de la réforme des retraites oblige à se poser inévitablement la question. Emmanuel Macron intéresse et compte sur la scène internationale. Il a une vision, une doctrine de ce que peut devenir l'Europe. Il n'a pas, pour les raisons qu'on a vues, de véritable rival. Encore faut-il qu'il s'impose en France pour peser en Europe.

Le surgissement du coronavirus, l'épreuve inouïe qu'il provoque, la paralysie organisée de l'économie qu'il a imposée, la bataille sanitaire qui se poursuit ont soudain déchiré le rideau politique. Le coronavirus était le problème et c'est l'Europe qui offre la solution. La pandémie la plus dangereuse depuis la terrible « grippe espagnole » un siècle plus tôt a contraint les Français à l'épreuve inédite d'une société littéralement pétrifiée. La France d'Emmanuel Macron a fait front. L'État a vacillé mais tenu. L'exécutif a mal commencé mais mieux continué. Le personnel de santé a été admirable, de l'avis général. Emmanuel Macron a su prendre les décisions les plus difficiles sans parvenir pour autant à trouver sur-le-champ le ton du dialogue avec les Français. Il a, devant la pénurie des moyens médicaux disponibles, osé le confinement, plus tard le couvre-feu puis reconfinement et maintenant le déconfinement progressif. Il a pris des mesures économiques et sociales sans précédent pour préserver l'essentiel : les ressources des Français. Il a pour cela innové et transgressé. Mais il ne s'est pas fait aimer. Il s'est montré à la hauteur sans bénéficier vraiment de sa performance. Il a en revanche accompli un véritable coup d'éclat en imaginant avec Angela Merkel (mais avant elle) une issue européenne aux drames nationaux, une réponse européenne totalement inimaginable, inenvisageable quelques semaines auparavant et cependant viable, réaliste, efficace. Seul moyen de sortir par le haut d'une crise féroce. Aucun bénéfice politique ou électoral. Reste l'essentiel, au-delà de sa personne. La France depuis une décennie bataillait inlassablement à Bruxelles pour compléter l'union bancaire, pour mettre en place un budget dans la zone euro, une politique monétaire de la BCE, une politique budgétaire de l'Union. Et même, hérésie suprême, pour créer des « euro-bonds », des euro-obligations, bref pour passer à une étape supplémentaire, pour intégrer davantage, pour renforcer la solidarité, pour peser enfin sur la scène internationale. Vieille approche française de l'Europe, chacun en souriait. Elle comptait des appuis à la Commission, des sympathies au Parlement européen. En revanche, les États-membres, même de la zone euro, ne voulaient rien entendre. Entrant à l'Élysée, Emmanuel Macron avait aussitôt voulu reprendre et amplifier cette ambition française. Nicolas Sarkozy et François Hollande avaient déjà labouré et semé ce terrain. Emmanuel Macron voulait récolter. Au départ, il était à la mode, ses interlocuteurs furent donc polis, mais rien de décisif n'avançait. L'Allemagne ne voulait ni d'une nouvelle étape ni d'une nouvelle ambition. Le Royaume-Uni s'en allait, l'Italie sombrait, l'Espagne affrontait une crise économique spécifique et s'épuisait à chercher une issue à la question catalane. Au-delà des beaux discours et des brillantes propositions françaises, c'était le blocage impavide. Bousculé en France, Emmanuel Macron devenait le Don Quichotte de l'Europe.

Le coronavirus a tout changé. Au départ, les égoïsmes nationaux ont triomphé. Ce fut, dans toutes les capitales, une explosion du chacun pour soi. Emmanuel Macron tenta bien d'en appeler à la coordination sanitaire, les pays du nord et de l'est de l'Europe, peu touchés, s'y refusaient. La Commission traînait, l'Allemagne gérait efficacement son pré carré national, il fallut se fâcher pour arracher un Conseil européen d'urgence par vidéoconférence, puis par le même truchement un Conseil des ministres de la Santé dont une demi-douzaine d'États ne voulaient même pas. La France vacillait et l'Europe se caricaturait. Et puis soudain, la crise sanitaire impressionnante est devenue une gigantesque crise économique et sociale. Les gouvernements européens ont subitement réalisé que l'économie pétrifiée, que l'abîme social qui se dessinait, pouvait tout emporter, système bancaire, Europe, mais aussi emplois, industries, services. Nous étions en 1929 et ce que la crise sanitaire n'avait pas pu imposer, la crise économique et sociale dévalant comme une avalanche l'a déclenché. Angela Merkel, pressée d'agir conjointement par Emmanuel Macron, connut enfin son chemin de Damas. Tel Saint Paul, elle prit conscience que, si les marchés éclataient, si les exportations s'effondraient, si l'euro se brisait, ce n'était pas seulement la fin de l'Europe mais la fin de la prospérité allemande. L'égoïsme national devenait subitement un suicide national. Deux mouvements simultanés se produisaient : la Banque centrale européenne se mobilisait hardiment, la Commission de Bruxelles s'activait énergiquement et les aveuglements nationaux devenaient des suicides annoncés. La chancelière saisit la main d'Emmanuel Macron, la France et l'Allemagne enfin à l'unisson proposèrent un plan européen d'une ampleur gigantesque (1 500 milliards au total) : la BCE jetait toutes ses ressources dans la bataille, garantissant la dette commune, transgression absolue de la tradition orthodoxe. Le MES (mécanisme européen de stabilité) se joignait à ces efforts, la Commission de Bruxelles était adjurée de lancer et de garantir emprunts et subventions. L'impossible devenait réalité. L'Europe aux abois, ressuscitée. Le couple franco-allemand réinventait l'Union et reprenait les choses en main. Ce que la France avait rêvé et prôné dans le débat avant la crise devenait, décuplée par les circonstances, la nouvelle voie européenne. La BCE, la Commission, l'Allemagne et la France tout à coup soudées, énergiques, inventives devant l'approche du désastre.

Naturellement, il fallut des semaines d'âpres négociations, de mesquins marchandages pour aboutir. Il fallait inventer des techniques, passer outre des blocages, que le funeste principe européen des décisions à l'unanimité rendait redoutables. La solidarité n'a pas tout balayé sur son passage. Les freins n'ont pas manqué. Les États pingres (Pays-Bas, Autriche, Danemark, Suède, Finlande) multipliaient les conditions, les exigences, les contrôles, les demandes de compensation ou d'avantages particuliers. Il n'y a pas eu de conversion générale et instantanée à la nouvelle solidarité européenne, à la nouvelle société européenne, au nouveau chemin de l'Europe. On ne change pas de religion sans frémir.

En trois mois, l'Europe s'est cependant littéralement réinventée. Pareille réponse à la crise n'a existé nulle par ailleurs, sur aucun autre continent. Les naufrages nationaux interdisaient les sauvetages collectifs ; sauf en Europe. La vieille formule de Jean Monnet, « l'Europe se construit à travers les crises », n'a jamais été aussi vraie. L'adage bien connu selon lequel l'Union n'avance que lorsque le tandem franco-germanique fonctionne bien s'est vérifié. L'ambition européenne d'Emmanuel Macron n'a jamais été plus justifiée. Le rôle de la France n'a jamais été plus utile. Ce qui ne vaut pas forcément reconnaissance des peuples et en particulier ne garantit en rien la gratitude des Français, bien plus attentifs aux échecs politiques domestiques qu'aux plus grands succès diplomatiques.

Reste que la France, nul ne peut le nier, s'est réellement montrée à la hauteur et même en pointe à cette occasion sur le terrain européen. Personne n'a fait plus et mieux pour métamorphoser subitement, les circonstances l'imposant, le lourd char à bœufs européen en prototype de compétition. Sans le tandem franco-allemand, sans l'engagement résolu de la Banque centrale et de la Commission, le pire menaçait. La deuxième vague du coronavirus le confirme encore. Pour le coup, le président français est apparu plus hardi que jamais. Sa réaction instantanée face au drame libanais, courageuse et presque téméraire, son prompt engagement aux côtés de la Grèce défiée par la Turquie d'Erdogan, un engagement diplomatique mais aussi militaire, sans attendre les choix des autres Européens éternellement pusillanimes, y ont ajouté une pointe de panache mais aussi un goût certain pour les décisions personnelles, unilatérales et d'une rapidité étrangère au rythme naturel de la diplomatie. La politique extérieure d'Emmanuel Macron est d'abord disruptive. Pourquoi semble-t-elle plus heureuse que sa politique intérieure ? Peut-être parce qu'ici il traite avec ses pairs et là avec son peuple. Et qu'il y a plus de passion avec celui-ci et plus de raison avec ceux-là.

Chapitre 6

Le laboratoire politique français

La France est une surprise perpétuelle. C'est vrai en règle générale, tant son histoire est chaotique, alternant triomphes et désastres, tant sa géographie est variée, tant son humeur est instable, tant sa culture est aussi glorieuse qu'accidentée, tant son économie paraît cyclothymique, de performances en naufrages, tant son peuple est souverainement imprévisible. Une surprise perpétuelle, c'est encore plus vrai en matière politique. La France ressemble depuis toujours à un permanent laboratoire politique, à un inégalable laboratoire politique. Elle a connu tous les régimes, a inventé bien des principes politiques, a expérimenté, testé, mué à l'infini. Le Royaume-Uni est de longue date une vénérable monarchie parlementaire. Les États-Unis d'Amérique incarnent depuis deux siècles un système présidentiel et fédéral. La Russie a été, est et demeure par les formes les plus variées un éternel despotisme. La France, elle, a alterné monarchie, république, empire, autocratie, régime d'Assemblée, présidentialisme. Elle a inventé les notions de gauche et de droite, elle a enfanté la Déclaration universelle des droits de l'homme, elle a introduit la première le suffrage universel (masculin), elle a osé avant les autres plébiscites et référendums. Elle incarne à la fois une très longue construction historique et une réinvention politique perpétuelle. En ce sens, Emmanuel Macron apparaît comme le dernier avatar d'une procession ininterrompue de surprises béantes et de ruptures impromptues. Classique en somme jusque dans sa transgression, baroque par sa manière, sa personne et son défi. Emmanuel Macron ou le nouveau directeur de recherche du laboratoire politique français. Disruptif, dérangeant, différent. Dans la tradition française.

Il l'a emporté en 2017 parce qu'il n'a rien fait comme les autres, que les circonstances l'ont très généreusement servi et qu'il a osé ignorer et même piétiner les règles du jeu présidentiel. Proclamant sa victoire, il a hardiment annoncé la mort du vieux monde et très témérairement la naissance d'un nouveau. Nous n'en sommes pas là. Le vieux monde politique a effectivement chaviré et sombré. Le nouveau monde n'existe encore qu'à l'état d'embryon. Emmanuel Macron a porté le coup fatal à un système qui vacillait déjà, en Brutus implacable et tourmenté. Le jeune président a déconstruit ou a porté le coup de grâce au système traditionnel des partis, au mode de sélection des candidats présidentiels laborieusement élaboré et mis en pièces par ses soins en un an. Il a enseveli sous des pelletées de terre les projets idéologiques antagonistes qui étaient présentés. Il a employé des méthodes de campagne d'un autre siècle que celles de ses adversaires (à l'exception de Jean-Luc Mélenchon, aussi novateur dans la forme et par les techniques de communication qu'antique sur le fond), il a ravagé la vieille société politique mais en trois ans et plus, il n'a eu ni le répit ni les moyens de reconstruire un nouveau monde politique. En somme, il a éradiqué mais il n'a pas enraciné. Il a brisé les structures et les règles mais il n'a pas inventé un autre monde. On voit bien des idéologies se chercher, des « mouvements » tenter de s'implanter au détriment des partis, des communautarismes bousculer les structures de classe, la tentation de la démocratie directe surgir au détriment du parlementarisme et la démocratie d'opinion, voire d'émotion, prospérer grâce aux réseaux sociaux et à l'information continue. La déconstruction est réussie, la reconstruction s'ébauche à peine, dans le désordre et la fureur. En réalité, c'est l'immense épreuve du Covid, les bouleversements qu'il impose à l'économie, les risques qu'il fait courir à l'emploi et au niveau de vie, les changements brutaux de mode de vie qu'il impose à tous, c'est donc peut-être la pandémie qui accélèrera les métamorphoses de la politique, qui obligera effectivement les acteurs à se réinventer. Le vieux, la crise, le neuf.

Les partis ont porté la vie politique depuis la Première Guerre mondiale, pendant plus d'un siècle. Ils ont été sans cesse critiqués, dévalorisés et même calomniés, accusés de porter la division au cœur de la société, suspectés de vouloir accaparer la réalité du pouvoir, condamnés sans appel pour réduire le débat à ses dimensions les plus mesquines. Cloués au pilori pour incarner la politique la plus politicienne. Mis en croix pour tremper dans d'innombrables escroqueries financières, voire pour accepter l'argent de puissances étrangères (le Parti communiste de la part de l'URSS, des groupuscules d'extrême droite de la part de l'Italie à l'époque mussolinienne, des syndicats de la part de la CIA au temps de la guerre froide, le Rassemblement national bénéficiant même récemment d'un prêt d'une banque proche du Kremlin). Souverainement méprisés par le général de Gaulle, celui-ci accablant « le système des partis » sous la IVe République, puis tournant en dérision la gauche et le centre sous la Ve République. Les partis ou les éternels boucs émissaires de la politique française. Et pourtant, dans toutes les démocraties du monde, il faut bien des partis pour structurer les courants d'opinion, pour désigner des candidats aux élections, pour animer la vie politique locale, pour tenter de faire vivre le débat idéologique, pour entraîner dans la vie publique les citoyens les plus motivés. On dira qu'ils sont bien loin d'atteindre à tout coup ces objectifs, qu'ils se caricaturent eux-mêmes trop souvent, qu'ils résistent mal à la tentation de l'invective et de la mauvaise foi, qu'ils facilitent le népotisme et ne manifestent pas souvent le sens de l'État, en particulier lorsqu'ils sont dans l'opposition. Autant d'accusations ou de reproches trop souvent justifiés.

Et cependant, pas de démocratie sans partis, pas de démocratie sans pluralisme organisé par le soin des partis, pas de démocratie vivante sans libre compétition des partis. D'ailleurs, même si partout les partis subissent désormais la concurrence sauvage des réseaux sociaux, le joug de l'information continue qui les met sans cesse sur le gril et surtout la tentation d'un individualisme croissant, d'un repli sur soi qui éloigne de la sphère publique, malgré tous ces handicaps donc, les partis demeurent puissants, notamment dans les démocraties parlementaires. Leur influence a peut-être reculé, leurs effectifs ont certainement maigri, leur prestige a incontestablement décliné, mais ils résistent parce qu'ils sont les nerfs et les muscles des démocraties, sinon leur cerveau et leur cœur.

Sauf en France, où ils s'effondrent carrément. Pourtant, au début de la Ve République, le Parti communiste demeurait bien cette immense « contre-société » si bien décrite par l'historienne Annie Kriegel. À l'époque, quand on disait « le Parti », chacun comprenait d'ailleurs qu'il s'agissait du PC. Celui-ci ne revendiquait certes plus les 600 000 ou 700 000 membres qu'il affichait abusivement à la fin des années 1940, mais il recouvrait la France d'un manteau rouge vif, la Fête de l'Humanité demeurant, tous les deuxièmes week-ends de septembre, la plus grande et la plus chaleureuse manifestation politique de l'année. Le déclin s'est certes amorcé dès les années 1970, mesurable par des scores électoraux piquant du nez et par son empire de presse sans cesse amputé. En 2017, il n'a même plus de candidat à l'élection présidentielle (tout comme en 2012, il s'efface derrière Jean-Luc Mélenchon), et les élections législatives ne lui laissent que des miettes. L'ex-« premier parti de France », comme il s'intitulait fièrement, n'est plus qu'une formation résiduelle. Ce n'est pas Emmanuel Macron qui l'a tué, mais c'est Emmanuel Macron qui l'a enterré. Dans le débat présidentiel de 2017, le PC, jadis « parti de masse » n'a tout simplement pas existé. Aux élections municipales de 2020, les miettes de son empire communal se sont encore raréfiées. Sous le macronisme, le projet politique du Parti communiste n'est tout simplement plus débattu, son poids parlementaire est devenu quasi nul. Pour le coup, le PC appartient bel et bien au monde d'avant.

Si le PC est naufragé, toutes les autres formations politiques françaises doivent affronter elles aussi une tempête homérique depuis 2017. Leurs effectifs ont fondu, leur représentation à l'Assemblée nationale a brutalement maigri, leurs directions sont fragilisées, leur image est dégradée, les principaux partis français – socialistes, républicains, lepénistes – sont en crise. La victoire d'Emmanuel Macron en 2017 n'est pas seulement leur défaite, elle ouvre pour tous une redoutable crise d'identité. On pourrait croire que le

Rassemblement national y échappe. Après tout, Marine Le Pen a progressé aux élections présidentielles, son parti a arraché la première place aux élections européennes de 2019, devançant d'une foulée la liste de la République en marche. Les sondages la placent pour l'instant en position de se qualifier pour le second tour de l'élection présidentielle de 2022, pour laquelle elle a été la première à déclarer sa candidature. Et pourtant, le Rassemblement national va mal, il vacille et prend l'eau. Pendant la campagne présidentielle, le parti de Marine Le Pen revendiquait 83 000 adhérents, un chiffre déjà faible pour la formation d'une candidate qualifiée pour le duel final. En 2018, ils n'étaient même plus 30 000, une démobilisation, voire une désertion massive. Parmi les conseillers municipaux du Rassemblement national élus aux élections de 2014, le tiers a quitté le parti en cours de mandat, une défection jamais enregistrée par aucune formation politique dans l'histoire de la Ve République.

Si l'on ajoute à cela que le Rassemblement national est ruiné, endetté très au-dessus de ses moyens et qu'il lui faut multiplier les appels aux dons de ses adhérents, envisager de quitter son siège actuel, de licencier des permanents, de vivre sur un pied plus modeste, comment nier le trouble du parti de Marine Le Pen ? Le Rassemblement national ne s'est toujours pas remis de la contre-performance tragique de sa candidate lors du duel télévisé de l'entre-deux-tours face à Emmanuel Macron. Depuis, la confiance en la présidente du Rassemblement national a disparu jusque dans les rangs de son propre parti, une situation très dangereuse au sein d'une formation populiste où l'autorité du chef est primordiale. Un cas de figure véritablement atypique, puisque l'électorat de Marine Le Pen lui demeure néanmoins extrêmement fidèle, les sondages l'attestent, mais que son parti boite bas. Le Rassemblement national a des slogans mais pas de projet digne de ce nom : c'est le grand flou. Il a renoncé à enterrer l'euro, il recule sur le maintien de la retraite à 60 ans, ses marqueurs se brouillent. Il ne lui reste que l'insécurité et l'immigration, comme déjà en 1984, lors de la première percée de Jean-Marie Le Pen. Il a des mots d'ordre mais pas de réflexion politique, comme en atteste la vacuité du document publié sur le Covid-19. Marine Le Pen est donc la candidate en forme d'un parti en crise. D'ailleurs, aux élections municipales de 2020 le Rassemblement national a présenté nettement moins de listes et obtenu nettement moins d'élus que six ans plus tôt. 2017 a brisé la dynamique du parti populiste d'extrême droite.

Les partis de gouvernement qui se sont succédé au pouvoir depuis 1981, les Socialistes et les Républicains, ne se portent pas mieux. Pour eux, l'élection présidentielle de 2017 sonne comme le tocsin. Les élections municipales de 2020 prouvent qu'il ne s'agit pas encore du glas mais la menace ne peut pas être prise à la légère. Les Républicains, héritiers directs de l'UMP sarkozien, héritiers lointains du RPR chiraquien, héritiers historiques de l'UNR gaullien, ne se sont même pas qualifiés pour le second tour de l'élection présidentielle de 2017 : c'est la première fois que pareil camouflet leur est infligé. Le parti néo-gaulliste s'est toujours considéré lui-même comme la colonne vertébrale légitime de la Ve République. Après avoir été vingt-trois ans (1958-1981) le parti dominant du régime, il est resté aux yeux de tous l'un des deux grands partis d'alternance. Son élimination dans le tourbillon dégagiste de 2017 l'a traumatisé. Son score calamiteux à l'élection européenne de 2019 l'a accablé. Sa bonne résistance aux élections municipales de 2020 l'a réconforté sans lui rendre confiance. La vérité cruelle est qu'en 2015, enthousiasmés par le retour de Nicolas Sarkozy, ses effectifs ont bondi jusqu'à 238 000 adhérents mais qu'en 2019, effondrés par la double défaite présidentielle puis européenne, ils ont littéralement fondu pour se recroqueviller à 58 000 adhérents, un chiffre inimaginable pour un grand parti de gouvernement, pour un parti né et construit pour le pouvoir, décontenancé et presque incrédule lorsque celui-ci lui échappe, désarmé et abasourdi quand, à partir de 2017, il n'apparaît même plus aux yeux des Français comme le principal parti d'opposition.

Car les Républicains n'ont pas seulement perdu la bataille des présidentielles, ni reflué en désordre lors de la retraite des législatives. Ils ont aussi, leur électorat le sait bien, été dépossédés de leur projet par un Emmanuel Macron avançant sans complexe sur leur terrain économique et social. Dans d'autres domaines, comme la sécurité et l'immigration, comme le communautarisme et la laïcité, les clivages demeurent et les différences perdurent, de moins en moins cependant. Sur le champ économique et social, Emmanuel Macron encore ministre avait déjà progressé du social-libéralisme vers le libéralisme social. Une fois installé au palais de l'Élysée, poussé par sa stratégie de réformes et tiré par sa logique européenne, il a séduit l'électorat des Républicains et désarçonné leur état-major. En politique, un malheur n'arrive jamais seul : à la déroute électorale, à la fuite des militants dépités et sceptiques, au rapt idéologique s'est ajoutée l'intolérable absence de leader légitime. Pour la première fois, un précédent là encore, les Républicains n'ont plus de chef naturel, moins encore de présidentiable légitime. Il y avait eu le Général dont la légitimité s'imposait comme une

Pentecôte, l'Esprit Saint descendant du ciel vers les apôtres. Il y avait eu Georges Pompidou, le dauphin froissé. Il y avait eu Jacques Chirac, le bien-aimé des siens. Il y avait eu Nicolas Sarkozy, l'arrière-petit-neveu turbulent et guerrier. Et puis pour la première fois, vide immense après une dynastie prolifique, plus personne et plus rien. Cela devait être Alain Juppé, cela ne l'a pas été. Ç'aurait pu être François Fillon, mais il s'est enlisé dans le marais des « affaires ». Après lui, aucun successeur naturel, aucun héritier évident, aucun dauphin prêt à être couronné. Pour un parti bâti sur le socle présidentiel, sculpté autour de la figure de l'héritier présomptif, quel désarroi et quel désert ! C'est une dynastie qui s'éteint, un troupeau sans berger, un équipage sans maître. Un parti guillotiné. Le Rassemblement national ressemble à une tête sans parti, les Républicains à un parti sans tête. 2017 a décidément le dégagisme cruel.

Cela vaut tout autant pour le Parti socialiste, l'autre parti d'alternance, l'autre parti présidentiel depuis la « grande alternance » de 1981 et le long règne de François Mitterrand, le plus long règne (quatorze ans) de toutes les républiques françaises. Le Parti socialiste a lui aussi été détruit par l'explosion de 2017. François le Bienveillant n'a même pas pu se présenter à sa propre succession. Son Premier ministre Manuel Valls a sèchement été battu aux élections primaires, cette machine à diviser dont Emmanuel Macron aura facilité l'enfouissement.

Benoît Hamon, candidat comme par intérim, n'y pouvait rien. Il avait beau bénéficier du ralliement de l'écologiste Yannick Jadot, il pouvait bien afficher un programme juvénile et rêveur propre à rallier les plus idéalistes, rien n'y faisait. Sa personne ne comptait pas, ses idées non plus. Il était la figure sacrificielle d'un parti de gouvernement en violente crise existentielle. Certes, le Parti socialiste n'était pas un parti présidentiel né, comme les Républicains, il n'était pas non plus génétiquement un parti de pouvoir. Jusqu'au Front populaire de juin 1936, il avait même refusé la charge du gouvernement. Sous la IVe République, au sein ou à la tête de la « troisième force », il avait assumé le pouvoir sans briller. Avec la république gaullienne, il lui avait fallu patienter et subir, durant vingt-trois années, dans l'opposition. Il n'avait donc rien d'un parti génétiquement présidentiel. C'était l'incomparable talent politique de François Mitterrand qui avait transformé le principal parti d'opposition en principal parti d'alternance. Lionel Jospin avait ensuite démontré que l'on peut gouverner avec autorité cinq ans sans même être chef de l'État. François Hollande avait à son tour prouvé, à ses dépens cette fois, qu'une politique réformatrice a besoin d'être incarnée plus vigoureusement et même plus autoritairement qu'une politique conservatrice, ce qui troublait beaucoup d'électeurs de gauche. La plus grande partie de l'électorat du PS avait pour cette raison préféré Emmanuel Macron à Benoît Hamon. En ceci, il s'agissait moins d'un rapt que d'une leçon de choses, d'un exercice de logique : puisqu'il faut afficher de l'autorité, de l'ascendant, peut-être de la dureté, en tout cas une détermination constamment mise en scène et personnalisée pour réformer, mieux valait Emmanuel Macron avec ses ambiguïtés que Benoît Hamon avec ses naïvetés. C'est ainsi que le Parti socialiste a non seulement perdu le pouvoir mais égaré son identité. Le PS, deuxième grand parti de gouvernement de la Ve République, n'a plus de militants, moins encore que les Républicains, plus de projet, moins encore que le Rassemblement national, et plus de présidentiable du tout. Le dégagisme de 2017, le surgissement d'Emmanuel Macron ont donc eu raison des principaux partis établis, qu'ils soient de gouvernement ou d'opposition. Ils ont fait le vide balayant candidats, militants et projets. Une hécatombe.

La question est évidemment de savoir si les « mouvements » qui leur ont succédé ou, plus exactement, qui ont prospéré sur leurs naufrages, leurs échecs ou leurs chutes, se sont eux-mêmes solidement établis et enracinés. Un système de partis s'est effondré, un système de « mouvements » s'y est-il substitué ? Une phase politique ayant chassé l'autre une nouvelle organisation politique a-t-elle réellement remplacé la précédente ? La déconstruction des partis a-t-elle débouché sur une reconstruction robuste et durable à travers les mouvements ? Jusqu'ici, ce n'est pas le cas. La réponse est même franchement négative. La société politique française demeure entre deux mondes, l'un fracassé, l'autre vagissant. Les mouvements n'ont pas succédé aux partis : ils occupent seulement ce qui ressemble à des structures provisoires, des échafaudages de transition, comme ces constructions aléatoires bâties dans l'urgence pour faire face à une situation de crise. C'est ici bien le cas.

Les Insoumis ne sont pas un parti classique et ne veulent pas l'être. Ils ont certes un groupe actif et bruyant à l'Assemblée nationale, prompt à déclencher tumultes et polémiques, à s'indigner, à interrompre, à vociférer parfois, à apostropher très souvent, un groupe disposant d'ailleurs de plusieurs honorables orateurs sous la coupe de leur tribun suprême Jean-Luc Mélenchon, de loin le leader le plus éloquent au Palais-Bourbon où, face à lui, les chefs de file des autres groupes font pâle figure. Voilà pour l'apparence, également entretenue par plusieurs lieutenants qui défilent sur les plateaux des chaînes d'information continue. Au premier regard, on jurerait un parti. Il ne s'agit que d'un mouvement, très présent sur les réseaux sociaux, très actif dans les médias où il porte ses habits de protestataire permanent innovant, Jean-Luc Mélenchon prospérant pour sa part sur Youtube. En aucun cas un parti de masse, pas même un parti de cadres. Les Insoumis, présents et turbulents sur la scène nationale, sont pratiquement absents sur la scène locale. Aux élections municipales, départementales, et régionales, ils jouent un rôle marginal, incapables qu'ils sont de présenter des candidats en nombre significatif. Leurs militants sont aussi rares que passionnés. Les Insoumis s'entendent au Palais-Bourbon, pèsent sur les réseaux sociaux. C'est le mouvement du verbe, impitoyable dans la critique, inflexible avec son idéologie de la rupture, dominateur avec ses partenaires et doctrinaire candide. Capable de mobilisations populaires impressionnantes lors des seules campagnes présidentielles, une fois tous les cinq ans. Entre-temps, parlant d'autant plus haut à Paris qu'on le voit moins en province. Un appareil microscopique avec d'ailleurs un fonctionnement autoritaire, la voix puissante d'un visage sans corps.

Les Écologistes ont longtemps cru qu'ils formaient un parti. Innocents : en fait, il s'agissait d'une galaxie instable, porteuse d'une idéologie d'avenir, pressentant l'irrésistible prise de conscience des enjeux environnementaux et se multipliant pour en accélérer l'éclosion. En quelque sorte des éclaireurs maladroits, avec des effectifs squelettiques (quelques milliers), des chamailleries internes, incessantes et infantiles. Un grand sujet, peut-être le plus grand, porté par des voix constamment discordantes, brouillé par de perpétuelles rivalités intestines, caricaturé par des outrances verbales irrépressibles. Des résultats électoraux encourageants aux élections considérées (à tort) comme secondaires (européennes, régionales), mais des échecs sanglants aux élections clés (présidentielles, législatives), une percée authentique aux élections municipales de 2020 dans les grandes métropoles, une représentation parlementaire minuscule. Un mouvement adolescent, tiré par l'évidence d'une révolution environnementale, freiné par l'amateurisme et l'immaturité de ses membres et de ses dirigeants. Pillé, cela va de soi, par les autres courants politiques se ruant tardivement pour s'emparer de leurs thèmes de prédilection, tous habillés désormais en vert après avoir contourné la crise climatique dix ans de trop. Au bout du compte, un grand sujet pour un petit mouvement, un thème désormais central porté par des activistes désunis, menacés sur leur terrain par la concurrence déloyale des autres familles politiques et surtout par leurs propres défauts : maximalisme, naïveté, absence totale de psychologie comme ces nouveaux maires de grandes villes bannissant le Tour de France de leur commune ou supprimant le rituel sapin de Noël. Le sujet le plus grave, le mouvement le plus décevant. Les seuls ayant fait preuve d'une certaine maturité, proportionnelle au problème, sont les adolescents défilant en masse, pacifiquement, pour la planète. Plus mûrs que les mouvementistes adultes.

Reste bien entendu la République en marche. Grande bénéficiaire en 2017 de la déroute des partis classiques, créée pour accompagner et incarner le passage du vieux monde au nouveau, elle ambitionnait dès le départ de se différencier, d'innover, d'illustrer une nouvelle façon de faire de la politique. Si le mouvementisme pouvait remplacer l'antique système des partis, la République en marche devait le démontrer. Trois ans plus tard, l'échec est éclatant. LREM n'est pas un parti classique – où sont ses militants, où sont ses élus locaux, où est son projet politique et, pire, où est sa démocratie interne ? –, mais elle n'apparaît pas davantage comme un mouvement nouveau. En fait, elle ressemble vaguement aux deux grands partis américains, Républicains et Démocrates, des machines présidentielles tournant à fond pendant la campagne, assoupies entre-temps. Mais avec une grande différence : à Washington, au Congrès, sénateurs et représentants ont une forte influence, une vie démocratique intense. Ils ne constituent pas seulement la garde présidentielle, l'infanterie de la Maison Blanche ou les troupes de ses adversaires. Ils ont leur vie propre, leurs pouvoirs étendus, leur imposante marge d'autonomie. Ils contrôlent, débattent, surveillent, légifèrent et, arc-boutés sur leurs privilèges constitutionnels, mènent la vie dure à tout président. Ils sont un véritable pouvoir, le législatif face à l'exécutif, un pouvoir réellement indépendant, exigeant, batailleur. Un instrument démocratique. La République en marche n'a, même en rêve, rien à voir avec ces partis-là, ni d'ailleurs avec les partis des régimes parlementaires européens. La Vᵉ République est présidentielle, Emmanuel Macron est un chef de l'État à la fois disruptif et autoritaire. Il est tout, la République en marche n'est rien.

Si elle a fait honorable figure aux élections européennes de 2019, c'est parce qu'Emmanuel Macron, après son choix calamiteux de la tête de liste (Nathalie Loiseau), a pris en main la campagne, s'y est investi, a mené l'action tant en France qu'à travers toute l'Europe, a en somme présidentialisé le scrutin. Les élections municipales ont bientôt ramené la République en marche à sa réalité : pas de véritable implantation locale, pas d'équipes municipales crédibles, des divisions et des dissidences tombant comme grêle, une politique d'alliances contradictoire et même incohérente, le tout frappé d'un amateurisme persistant. Si l'on regarde la réalité en face et que l'on nomme les choses comme elles sont, le mouvement La République en marche est un échec, presque un mirage. Des effectifs militants squelettiques (le passage des adhésions numériques de 2017 au terrain de 2020 ne se faisant pas), des élus locaux clairsemés, un appareil réduit, autoritaire, voire impérieux, pas de leader de niveau national (une situation sans précédent sous la Ve République pour une formation présidentielle), aucune incarnation visible, pas de débat d'idées véritable. La République en marche n'est en fait qu'un immense groupe parlementaire hétéroclite et de plus en plus divisé, perdant des députés par grappes entières, d'abord assuré de représenter la majorité absolue puis, à force de départs, réduit à la majorité relative. De nouveaux groupes issus de dissidents se constituant à sa marge comme autant de récifs ou de brisants. Certes, des nouveaux talents émergeant aussi, des personnalités s'affirmant, souvent arrivées là par des itinéraires insolites, renouvelant la sociologie parlementaire, mais combien de conflits, de rivalités enfantines, de contradictions idéologiques ? Au sein de LREM, chaque projet ou proposition de loi menace de tourner à la polémique, faute de discussion et de concertation préalables suffisantes. Bref, un parfum entêtant d'amateurisme, plutôt rafraîchissant au départ, embarrassant aujourd'hui, et même handicapant le gouvernement. De surcroît, des relations difficiles, ombrageuses même avec les alliés de la majorité présidentielle (le Modem, Agir). Le petit parti de François Bayrou, un parti à l'ancienne, de taille modeste, mais avec une implantation locale solide et une représentation parlementaire inespérée, le Modem méritait un peu de reconnaissance et de considération. Il ne les a pas obtenues. Erreur politique née de l'amateurisme et de l'arithmétique, LREM se croyant assurée, à tort, de sa majorité. En fait, la République en marche ne se perçoit qu'à travers un groupe parlementaire au Palais-Bourbon et ce groupe n'a jamais pu ou su s'organiser en force de propositions, de débats et de contrôles. À la fois trop contraint à la discipline et trop tenté par l'incohérence : un comble.

En somme, pour résumer la situation : les partis classiques se sont effondrés et les mouvements plus neufs ne se sont pas enracinés. La société politique française se trouve ainsi dans une étrange phase de transition : ses structures anciennes vacillent, ses structures nouvelles oscillent. La société politique apparaît bizarrement liquide, donc instable, comme un bateau sans quille et sans flotteur. Désemparée et énigmatique.

Comme la nature, même politique, a horreur du vide, la tentation qui s'installe, la perspective qui menace devient bien entendu l'installation de la démocratie d'opinion et même de la démocratie d'émotion. Faute de partis vigoureux, faute de mouvements implantés, faute de projets élaborés, faute aussi de convictions identifiées, l'irruption puis l'enracinement de la crise du Covid bouleversant de surcroît toutes les certitudes, contraignant Emmanuel Macron et son gouvernement à innover, à rompre avec les programmes prévus, avec les calendriers fixés, avec les méthodes élaborées, donc à inventer et à improviser : devant cette situation imprévisible et presque inimaginable, la vie politique se transforme au moins pour un temps en un face-à-face entre un pouvoir exécutif bousculé comme jamais et une opinion publique effarée, instable mais aussi plus puissante qu'elle ne l'a jamais été. Les syndicats ne disparaissent certes pas mais ils ne mènent plus le train, c'est l'opinion qui pèse. Les acteurs locaux – régions, départements, communes – interviennent quotidiennement mais complètent et exécutent bien plus qu'ils ne décident. La fin du quinquennat d'Emmanuel Macron va constituer une phase étrange et inédite dans l'histoire de la Vᵉ République, celle d'un dialogue permanent, intense, instable et conflictuel entre le pouvoir présidentiel, plus prééminent que jamais, et une opinion publique abasourdie, anxieuse, exigeante, constituée en contre-pouvoirs, alimentée par l'information continue, plus omniprésente et dramatisante que jamais et par des réseaux sociaux en miroirs déformants, convulsifs, pesant plus qu'en aucune occasion antérieure. Une situation économique et sociale suspendue au coronavirus et aux initiatives présidentielles et gouvernementales, affrontée à un climat tendu, électrique.

Bien entendu, les vieux partis et les jeunes mouvements ne veulent pas abandonner leur rôle, pourquoi le feraient-ils ? Les partis, tous dans l'opposition (sauf le petit Modem), vont mener de leur mieux une guérilla parlementaire, comme c'est d'ailleurs leur droit et leur vocation, critiquant chaque projet, apostrophant le gouvernement lors des questions d'actualité, utilisant toutes les ressources de la procédure parlementaire pour embarrasser, entraver et démythifier le pouvoir, pour démasquer ses faiblesses, dénoncer ses erreurs, mettre en lumière ses lenteurs et ses contradictions. Mais il ne s'agit là, au bout du compte, que d'un combat marginal, totalement éclipsé par le tonnerre et les éclairs de la crise économique, par le bruit et la fureur des batailles pour l'emploi, par les souffrances et les injustices du chômage, par la férocité du Covid et aussi par l'ampleur des initiatives gouvernementales à la fois imprévisibles et attendues, accueillies avec crainte, évaluées avec circonspection, parfois vécues avec espérance.

Deux facteurs vont cependant permettre aux partis et aux mouvements de retrouver un rôle : les élections départementales et régionales de 2021 devraient en toute logique être favorables aux partis et entrouvertes aux mouvements. La principale force des partis reste leur implantation locale, la principale faiblesse des mouvements, leur absence de terrain local. Socialistes et Républicains devraient donc trouver en mars prochain (ou plus tard) des signes de regain encourageants. Quant aux mouvements, les uns (les Écologistes) peuvent y marquer des points, les autres (Insoumis et LREM) y connaître de nouvelles déceptions. Au total, un épisode de second rang mais une bouffée d'espoir pour certains. L'autre facteur, plus spectaculaire et plus porteur d'espérance (ou de désillusion), c'est évidemment la campagne présidentielle. Ses débuts seront nécessairement éclipsés par l'intensité de la crise économique, sociale et peut-être encore sanitaire. Plus on approchera de la fin du quinquennat, plus les déclarations de candidatures et les premiers épisodes des campagnes obtiendront de retentissement. Longtemps étouffés par la bataille de la croissance économique, par la guerre de tranchées du chômage, scandés par les performances et les contre-performances de la sortie de crise et par les convulsions du Covid, ils se feront de mieux en mieux entendre au fur et à mesure qu'on se rapprochera de l'élection reine, qui ressemblera inévitablement au verdict des Français sur la gestion de la crise.

Reste que l'originalité de la phase actuelle, c'est bien le tête-à-tête, affrontement et dialogue implicite, observation et évaluation réciproque, entre le pouvoir et l'opinion, entre l'exécutif et les Français, par-delà les appareils partisans et syndicaux, par-delà les corps intermédiaires. Jamais comme durant cette crise d'un type si inédit (racines sanitaires, choix économiques de détresse, conséquences sociales massives), la République présidentielle et la démocratie d'opinion ne se seront mesurées aussi directement, aussi profondément, aussi visiblement, peut-être aussi dramatiquement. Les partis et les mouvements en ont d'ailleurs bien conscience puisqu'ils ont tenté de s'adapter à cette situation inouïe et inconnue en utilisant par exemple les commissions d'enquête (aux travaux religieusement retransmis sur les chaînes d'information continue et âprement débattus à la télévision et sur les réseaux sociaux) comme un levier leur permettant de se faire parfois entendre, d'émerger fugitivement au sein du corps à corps entre Emmanuel Macron et les Français.

La singularité de cette période à nulle autre pareille, c'est en effet que jamais la Ve République n'a été aussi présidentielle que durant cette crise et que jamais la société n'a été aussi proche de la démocratie d'opinion que depuis le Covid. D'un côté, un renforcement du rôle déjà prééminent du chef de l'État, de l'autre l'émergence de cette force puissante, tumultueuse, souvent convulsive et irrationnelle qui s'appelle la démocratie d'opinion. Emmanuel Macron, après avoir pris le pouvoir de la façon la plus légale mais la plus atypique, la plus constitutionnelle mais la plus hétérodoxe, s'est retrouvé en première ligne, seul, dix pas devant son gouvernement, cent pas devant sa majorité parlementaire. Le général de Gaulle avait bien entendu connu quelque chose de ce genre en 1958, à l'époque en sauveur et en père du nouveau régime, chef charismatique et homme-Constitution, face à la décomposition de la IVe République et à la tragédie algérienne. Il lui revenait de faire changer la France d'époque et de statut. C'est ce qu'il fit. Il devait cependant compter avec des forces politiques bousculées mais bien organisées, avec une armée indocile, avec une opinion acquise mais pour un temps limité, une opinion qui se prêtait plus qu'elle ne se donnait. Rien à voir avec Emmanuel Macron, dépourvu de toute légitimité historique, confronté à une montée théâtrale des populismes (Marine Le Pen et son contraire Jean-Luc Mélenchon), déterminé à moderniser la France au galop en bousculant les corps intermédiaires et à la faire entrer sans complexe dans le monde du XXIe siècle. Et puis soudain face à une épreuve subite, inattendue et inconnue : une pandémie obligeant le président de la République à recourir à une méthode radicale jamais employée – le confinement de toute la population, première historique, puis le couvre-feu comme en état de siège et derechef le confinement avant le déconfinement progressif – contraint à déchirer toutes les règles et tous les principes pour faire prendre en charge, le temps du confinement, l'ensemble des Français par l'État et mettre l'économie elle-même sous perfusion publique jusqu'à la fin de la crise, plus près malgré lui de Kafka que de Keynes. Contraint dès ce moment-là à se « réinventer », comme il le proclame lui-même, mais surtout à piloter, à assumer, à incarner une méthode radicale, impérieuse et globale. Une sorte de révolution sur lui-même, une rupture avec toute orthodoxie, une expérimentation nécessaire et aventureuse. Il n'y a là aucune équivoque : cette politique de rupture et d'audace, c'est sa politique. Il en est l'auteur, l'instrument et l'enjeu. Si elle réussit, il n'en sera pas nécessairement le bénéficiaire, mais si elle échoue, il en sera obligatoirement la victime. Le confinement, l'économie sous perfusion, la société sous assistance publique, la santé sous respirateur, c'est son choix, c'est son pari. Évidemment, il est assisté par un Premier ministre puis par un autre, ce ne sont pas des figurants, il est entouré par un gouvernement (pléthorique), il est soutenu par une majorité parlementaire mais aux yeux des Français il est le décideur, le chef, le responsable.

C'est bien ainsi que le regardent les Gaulois querelleurs et combatifs, sidérés par la crise, abasourdis par la situation mais tous conscients que c'est le Président qui décide et commande. Ils le regardent sans indulgence, agacés par son style parfois trop grandiloquent, mécontents de la gestion de la première vague de la pandémie (trop d'impréparation, trop de contradictions, trop de dissimulations), rassurés par le soutien social massif qu'il a mis en place (durant cette phase-là, il n'est assurément pas le « président des riches », mais celui de tous les Français), conscients de l'ambition et de l'audace des choix économiques, des risques et des périls que fait courir le Covid, incertains des résultats. Un regard sans rejet ni adhésion majoritaire, Emmanuel Macron toujours soutenu par sa base électorale, rejoint par une fraction de la droite modérée, dénoncé par l'extrême gauche, combattu par l'extrême droite, harcelé par les Écologistes, les Républicains et les sociaux-démocrates. Avec l'unanimité sur un seul point : il est le responsable, c'est lui qui porte le poids des décisions, des options et des engagements. Si la sortie de crise s'effectue assez vite et assez bien, il sera évalué sans complaisance. Si elle se passe mal, trop tardive, trop hésitante, trop boiteuse ou trop limitée, il sera sanctionné sans ménagement. Il le sait d'ailleurs fort bien et s'en accommode d'autant plus qu'il n'a pas le choix et ne déteste pas le risque.

D'un côté le président de la République, seul face aux Français, car le Premier ministre, le ministre de l'Économie et des Finances, le ministre de la Santé, le ministre de l'Éducation nationale ou celui de l'Intérieur exécutent ses arbitrages. Devant lui, face à lui, la démocratie d'opinion, libre, instable, imprévisible, passionnée, orageuse, redoutable tant les émotions y submergent les réflexions. Elle a toujours représenté, sous des formes variées, une composante de la société politique. Même sous l'Ancien Régime où il n'était pas question de démocratie, l'opinion était une force ou un courant souterrain, de livres en libelles, de sociétés de pensée en salons parisiens ou provinciaux, de rumeurs en frondes, en jacqueries, en révoltes. Réprimée mais persistante, portée tantôt par des bourgeois, tantôt par des paysans, des artisans, des marchands, tantôt soutenue par des magistrats, des échevins, des prévôts. Réprimée et incompressible. Sous l'Empire et sous les républiques, l'opinion a rapidement pris du volume et du coffre. La vie intellectuelle l'a portée, la presse l'a renforcée et relayée, les syndicats, les groupes parlementaires, plus tard les partis politiques, depuis longtemps les sociétés de pensée, les églises, le suffrage universel l'ont alimentée, nourrie, influencée, l'aveuglant ou la décillant, l'influençant sans jamais la domestiquer ni la canaliser.

L'opinion est une force qui va et qui vient, charrie le pire et le meilleur, prend des tournants inattendus, parfois très brusques, tantôt jaillit comme un torrent, tantôt s'apaise en méandres trompeurs. Imprévisible et indomptable, entrant dans des colères terribles, voire violentes, puis sommeillant, toujours d'un œil seulement. Le suffrage universel l'a considérablement renforcée en la cristallisant le jour du vote. Le présidentialisme, avec la primauté française de l'exécutif sur le législatif l'a d'une certaine façon consacrée. Les sondages d'opinion, de plus en plus nombreux, de plus en plus trompetés et tambourinés, l'ont quasiment sacralisée sans jamais toutefois parvenir à la circonscrire, encore moins à l'asservir : saisissant un instant, sans valeur prédictive, mesurant une séquence, reconstituant un cheminement, explorant ses ressorts et ses contradictions mais jamais à l'abri d'une saute d'humeur soudaine, d'une réaction émotive irrésistible, d'un changement de cap brutal et même, cela s'est vu, d'un soudain renversement du courant. L'histoire des élections présidentielles est d'ailleurs émaillée de ces fluctuations, de ces bifurcations, de ces surgissements ou de ces enlisements. L'opinion ne s'apprivoise pas, ne s'adoucit pas, ne se prédit pas.

Avec le cinquième pouvoir, avec l'information continue et avec les réseaux sociaux, sa force s'est à la fois accrue et théâtralisée. La démocratie présidentielle doit aujourd'hui compter avec la démocratie d'opinion. À chaque instant un événement, une nouvelle, un incident, une rumeur vraie ou fausse peut enflammer l'opinion. Jadis, il fallait parfois des semaines ou des mois, des années même pour cela. Aujourd'hui, en une seconde, toute nouvelle fait le tour du monde mais toute émotion, toute péripétie, toute image, toute mise en scène aussi. Plus, beaucoup plus : chaque réaction, chaque pulsion, chaque émotion peut aussitôt se transformer en controverse acharnée, voire hystérique, en polémique s'enflammant comme un feu de paille, parfois à bon droit, parfois sans rime ni raison. L'opinion est une force sauvage que nul ne peut dresser ni même redresser. Elle a toujours pesé, même si elle était réprimée, voire persécutée. Désormais, elle règne. Le Président est son co-prince, il règne lui aussi, mais nul ne peut l'arrêter ni la contenir. La contredire peut être nécessaire mais rarement suffisant. Son instantanéité la barricade, sa violence spontanée ne supporte ni le mors ni la bride. On peut, il faut tenter de la confronter à la réalité, lui fournir informations et réflexions, mais on ne détourne pas aisément son cours. L'opinion est d'abord une émotion, ensuite seulement, dans les meilleurs cas, une réflexion. Elle pèse de plus en plus, elle s'émancipe sans cesse davantage, la technologie numérique aidant. Elle constitue un univers largement autonome qui rivalise avec l'univers de l'information, de la connaissance et de la culture. Sur les réseaux sociaux, les débats flambent sur-le-champ, qu'ils portent sur un fait réel ou imaginaire. Ils fascinent une proportion sans cesse croissante de la population. Plus du quart des Français mais trois quarts des jeunes ne croient que ce qu'ils voient sur les réseaux sociaux. L'information continue n'a pas le choix : il faut relayer l'émotion ou être soupçonné de censure et de manipulation. À côté de la démocratie représentative siège désormais la démocratie d'opinion. À côté de la démocratie présidentielle siège désormais la démocratie d'émotion. L'information continue ou la démocratie d'opinion, les réseaux sociaux ou la démocratie d'émotion. Ce qui est de plus en plus vrai en temps ordinaire l'est *a fortiori* en période de crise extrême, tout particulièrement en période de crise inédite. Face à la pandémie, face à la pétrification de la croissance, face à l'avalanche du chômage, il y a aujourd'hui une confrontation sans précédent entre la démocratie présidentielle d'Emmanuel Macron et la démocratie d'opinion, voire d'émotion, des Français.

Chaque épisode, petit ou grand, chaque rebondissement devient une confrontation publique. Chaque événement est évalué, soupesé, comparé, désossé et souverainement jugé. La France a-t-elle réagi à temps face à l'irruption du coronavirus ? Était-elle prête ? Était-elle sous-équipée ? Par qui, depuis quand ? Le pouvoir a-t-il tardé, menti à propos des tests ou des masques ? Les moyens nécessaires ont-ils été réunis trop tard et pourquoi ? Y a-t-il des ressorts cachés, inavouables, des conjurations de puissances financières ou de laboratoires avides ? A-t-on choisi les bonnes thérapeutiques, sélectionné les bons médicaments ? Pourquoi les médecins se divisent-ils à propos de tout, pourquoi des clans s'affrontent-ils ? Nos voisins ont-ils fait mieux ? L'État a-t-il été à la hauteur ? Les collectivités territoriales ont-elles été maltraitées ? La bureaucratie a-t-elle freiné et retardé les décisions ? A-t-on anticipé le rebond ? Les scientifiques ont-ils trop pesé au départ ou pas assez à l'arrivée ? La capitale a-t-elle déclaré la guerre à Marseille, voulu brimer la province ? A-t-on confiné trop tôt, a-t-on déconfiné trop tard ? Faut-il reconfiner ici mais pas là ? Pourquoi ces embouteillages, ces files d'attente, ces jours de trop pour se faire tester ? Qui est coupable, qui est responsable ? C'est l'opinion qui juge, c'est l'émotion qui tranche.

Chaque jour, chaque heure, chaque minute, ce n'est qu'une explosion d'accusations, de dénonciations, de condamnations. La démocratie d'opinion s'érige en tribunal suprême, siégeant sans désemparer, condamnant sans toujours savoir, soupçonnant, ostracisant les uns, fouillant les vies privées des autres, cherchant à déterrer des complots souterrains, à accabler les responsables, à les clouer au pilori s'ils lâchent un mot maladroit (ce qui leur arrive souvent dans ce climat électrique). Un univers de tempête et d'orage, parfois d'ouragan, rivalisant avec le monde officiel et la société réelle. Un univers parallèle où s'entrecroisent des fraternités et des conspirations, des dialogues et des imprécations, des interrogations légitimes et des procès absurdes. Un monde en tout cas plus convulsif qu'apaisant, un monde imaginaire et cependant très présent qui contraint la société officielle à se justifier, à s'expliquer, à s'exposer. Un facteur de plus en plus omniprésent, de plus en plus déstabilisant et auquel il faut trouver des réponses. Une obligation nouvelle et embarrassante, impérieuse et envahissante. Incontournable.

Chacun s'y emploie d'ailleurs à sa manière. On a relevé que le Parlement, le Sénat en particulier, avait bien compris que des commissions d'enquête menées avec vigueur et pilotées avec ce qu'il faut de fiel pour éveiller l'intérêt pouvaient fort bien, grâce aux retransmissions en direct sur les chaînes d'information continue, se tailler une belle place au sein de la démocratie d'opinion. Emmanuel Macron a naturellement décidé lui aussi, d'autant plus qu'il joue volontiers la carte des réseaux sociaux, question de génération et de goût pour les échanges musclés, de s'y exprimer, d'y prendre position, abruptement parfois, de répliquer sur-le-champ. Il est l'incarnation de la démocratie présidentielle mais il est aussi un protagoniste actif, prompt et parfois fracassant des débats et des controverses de la démocratie d'opinion. Beaucoup de responsables politiques en font d'ailleurs autant, avec une prime particulière pour Jean-Luc Mélenchon et Xavier Bertrand. Des intellectuels, des idéologues, des polémistes s'inscrivent aussi, parfois avec fureur, dans ces duels où l'on se bat plutôt au sabre qu'au fleuret. Des grands médecins y rompent violemment des lances, le professeur Didier Raoult en tête, en jouteur acharné. À côté des figures les plus connues des Gilets jaunes ou des comiques plus ou moins drôles comme Jean-Marie Bigard, des leaders politiques de poids réagissent et tentent de créer l'événement. Il y a ainsi d'innombrables portes de communication ouvertes entre la société établie et les réseaux sociaux où s'épanouit et flambe la démocratie d'opinion.

La démocratie directe n'est-elle pas elle-même un corridor entre la démocratie représentative et la démocratie d'opinion ? La Ve République et, au-delà, le gaullisme historique ont toujours milité pour ouvrir la voie référendaire, qui relève de la démocratie directe, à côté du Parlement, temple de la démocratie représentative. Elle a été largement employée à la Libération puis surtout depuis 1958. Huit référendums ont été organisés dans le cadre de l'article 11, un dans le cadre de l'article 89 (révision de la Constitution). Dans tous ces cas, le dernier mot appartient au peuple. Depuis la révision de 2008, un référendum organisé à l'initiative d'un cinquième des membres du Parlement peut être organisé s'il a le soutien d'au moins un dixième des électeurs inscrits, c'est-à-dire en chiffres ronds 4 millions de citoyens. La barre apparaît certes élevée mais l'opposition à la privatisation d'Aéroports de Paris, un sujet qui intéresse particulièrement les Franciliens, a permis de récolter un million de signatures. On ne peut donc écarter l'hypothèse que, les réseaux sociaux aidant, un référendum souhaité par le dixième des Français puisse un jour se tenir, même dans ces conditions drastiques. Les Républicains en rêvent. Ce serait véritablement, à travers un référendum, la mise en œuvre d'une forme encadrée de démocratie d'opinion face à la démocratie présidentielle.

Tenir compte de la démocratie d'opinion, toute convulsive et parfois violente qu'elle soit, c'est d'ailleurs ce qu'Emmanuel Macron lui-même a tenté d'expérimenter. Les circonstances – Gilets jaunes, bataille des retraites, Covid – y poussaient puissamment. Tout en incarnant et en concentrant plus que jamais la démocratie présidentielle au palais de l'Élysée, le chef de l'État s'est livré à plusieurs expériences dans ce sens. D'abord, il a imaginé, mis en scène et occupé le rôle vedette dans le fameux « grand débat » pour tenter d'apaiser (en plus de substantiels gestes sociaux) la fureur des Gilets jaunes. Il a donc pris son bâton de pèlerin, allant de ville en ville, parfois de villages en bourg, dialoguer de longues heures avec des assemblées d'élus, de notables et parfois de simples citoyens, certes civilisés mais n'ayant pas non plus leur langue dans la poche. Une initiative sans précédent de la part d'un président français et qui, relayée généreusement par les chaînes d'information continue, a contribué à dédramatiser le climat. De l'avis général, Emmanuel Macron s'est montré en l'occurrence à son avantage, très informé bien que trop prolixe, l'un de ses défauts habituels. En tout cas, il s'agissait bel et bien de jouer de la démocratie d'opinion qui venait de le secouer rudement de longs mois durant. La démocratie d'opinion l'avait bousculé, interpelé et même agressé, il employait à son tour la démocratie d'opinion pour répliquer, rétorquer et se battre. La démocratie présidentielle brandissant l'arme de la démocratie d'opinion.

Même démarche lorsque Emmanuel Macron, voulant prouver qu'il prenait vraiment à cœur la question du réchauffement climatique, a eu l'idée de réunir cent cinquante citoyens tirés au sort pour former, hébergés par le Conseil économique social et environnemental, une assemblée de citoyens chargée de formuler librement des propositions après avoir auditionné des experts et beaucoup débattu. On sait que les citoyens en question ont travaillé sérieusement et que le chef de l'État s'est engagé à respecter la grande majorité de leurs demandes. On sait aussi que la question de l'introduction de la 5G a bientôt douché les espérances. Les cent cinquante citoyens voulaient un moratoire, le Président ne voulait pas perdre plus de temps, la France étant déjà fort en retard sur ses voisins. Il a donc passé outre à ses engagements. Ce n'est pas une surprise : chez lui, la démocratie présidentielle l'emporte sur la démocratie d'opinion. Peut-être même regarde-t-il la démocratie d'opinion comme un instrument possible de la démocratie présidentielle. Quoi qu'il en soit, l'expérience lui a paru assez riche pour qu'il envisage de réformer le Conseil économique, social et environnemental, d'y intégrer les citoyens tirés au sort et d'en faire le lieu privilégié d'un dialogue entre experts et citoyens. Une façon de canaliser (partiellement) la démocratie d'opinion, de tenter de la rendre moins éruptive et plus constructive, de démontrer en tout cas qu'il ne la nie pas, qu'il ne l'excommunie pas, qu'il n'est pas son ennemi. L'hypothèse un moment envisagée d'organiser un référendum sur l'environnement (à travers des questions multiples) allait dans la même direction. Au moins en ce qui concerne le réchauffement climatique et l'environnement, démocratie présidentielle et démocratie d'opinion ne sont pas dans le combat sauvage entre mirmillons et rétiaires.

La simultanéité des trois crises d'ampleur historique, sanitaire, économique et sociale, ne permet cependant pas de se satisfaire de simples expérimentations ou de spéculations sur d'éventuelles réformes. De même qu'il faudra sortir définitivement de l'épreuve du coronavirus (et mieux se préparer à d'autres crises du même type), de même qu'il faudra tout faire pour retrouver un taux de croissance compatible avec l'absorption du chômage, de même qu'il faudra réinventer un modèle social compatible avec l'environnement et continuer à se battre contre le terrorisme, on ne saurait se satisfaire durablement d'un tête-à-tête entre démocratie présidentielle et démocratie d'opinion. En période de crise intense comme celle que nous traversons, quand toutes les règles et les recettes volent en éclats, ce face-à-face n'est pas évitable. Il peut être gérable, supportable un an ou deux. De toute façon, l'approche de l'élection présidentielle y mettra fin. Les partis redeviendront les auxiliaires des candidats, les mouvements tenteront d'explorer de nouvelles voies vers le pouvoir. Pour éviter la tentation de l'autoritarisme, de l'autocratie douce, pour éviter simultanément les tempêtes perpétuelles, les coups d'éclat quotidiens de la démocratie d'opinion, pour contrôler, surveiller et rééquilibrer la démocratie présidentielle, pour canaliser et dédramatiser la démocratie d'opinion, plusieurs pistes sont possibles. Certaines sont d'ores et déjà explorées, d'autres ne sont que réflexions de spécialistes ou leçons que les hommes politiques tirent de leurs expériences. Le face-à-face actuel entre démocratie présidentielle et démocratie d'opinion ne peut être qu'un équilibre imposé par des circonstances inouïes. Il va de soi qu'il faudra en sortir. Cela se fera empiriquement – réveil des partis, nouveauté des mouvements, influence des élus locaux, retour au premier plan des syndicats, musique des sondages, audience des télévisions. Cela n'empêche pas de s'interroger de surcroît sur des réformes politiques utiles.

Ainsi était-il question de modifier le mode de scrutin de l'Assemblée nationale en y introduisant une dose de proportionnelle. Cela paraît bien modeste face au maelström actuel. Cela aurait pourtant des conséquences concrètes, directes et souhaitables, tant par rapport à la démocratie présidentielle que par rapport à la démocratie d'opinion. On déplore la montée de l'abstention, on se plaint des écarts de la démocratie d'opinion. Si les mouvements populistes, aujourd'hui grossièrement sous-représentés, obtenaient une représentation plus équitable, peut-être la situation s'améliorerait-elle. On connaît bien tout un éventail de techniques qui le permettraient sans exclure pour autant l'existence d'une majorité parlementaire viable : le meilleur mode de scrutin français n'est-il pas le mode de scrutin municipal qui concilie une représentation proportionnelle équitable et une prime majoritaire ? L'opinion se trouve ainsi bien plus sincèrement représentée et une majorité, plus étroite certes, permet de gouverner. Cela peut même être mis en œuvre sans redécoupage des circonscriptions, toujours suspect. Cela permet aux Français mécontents d'être mieux représentés et aux Français attachés à une majorité solide d'être satisfaits. Accessoirement, cela pousserait à l'organisation de coalitions, banales dans les régimes parlementaires, beaucoup plus rares dans notre système présidentiel. Là aussi, démocratie présidentielle et démocratie d'opinion coïncideraient plus ou s'opposeraient moins. De même, le renforcement des pouvoirs régionaux et l'ouverture du Conseil économique, social et environnemental à des Français tirés aux sort parmi des citoyens volontaires rapprocheraient-ils dirigeants et dirigés, citoyens et pouvoirs.

Si l'on veut être plus ambitieux et surtout plus efficace, plus exigeant aussi, alors il faut poser la question de l'instauration en France d'un véritable régime présidentiel. Dans la situation actuelle, celle de la Ve République, on en a les inconvénients sans les avantages : hypertrophie du pouvoir présidentiel, primauté organisée de l'exécutif, Palais-Bourbon et palais du Luxembourg réduits à des rôles subalternes, partage indécis des pouvoirs entre le Président et le Premier ministre et surtout instabilité présidentielle croissante (alternances, puis cohabitations, puis rejet d'un second mandat). En somme, un président à la fois trop puissant, insuffisamment contrôlé et simultanément de plus en plus chahuté, contesté, rejeté dès la deuxième année de son quinquennat. Un pouvoir trop solitaire et trop discuté, des prérogatives trop larges et trop entravées, une légitimité trop nécessaire et trop refusée. La Ve République est un régime qui se dérègle et qu'il faut remettre sur pied. Il faut sauver la Ve République et pour cela la réformer. Non pas pour la défigurer mais pour la faire entrer dans le XXIe siècle. La Ve République était taillée pour un grand homme né au XIXe siècle. Il faut la retailler pour des présidents du troisième millénaire.

Évidemment, pas question de revenir sur l'élection du chef de l'État au suffrage universel. Les Français ne supporteraient pas qu'on leur retire ce pouvoir essentiel et ils ont bien raison. En revanche, pourquoi un président et un Premier ministre, pourquoi un pouvoir exécutif bicéphale, puisque le chef du gouvernement n'est que le choix et l'exécutant, voire l'homme-lige du Président, à moins qu'il ne soit son rival et son adversaire ? Le général de Gaulle avouait d'ailleurs à son confident Alain Peyrefitte : « Le chef du gouvernement, c'est moi. » Le système américain du Président sans Premier ministre, formant et dirigeant directement son gouvernement, est à la fois plus simple et plus transparent. Cela implique bien entendu que le Président, qui n'est pas responsable devant l'Assemblée nationale mais seulement devant les Français, perde son droit de dissolution. Ainsi, le pouvoir exécutif serait-il clarifié et simplifié, les députés non dissolubles retrouvant alors un vrai pouvoir de contrôle, d'information, de débats dont ils sont aujourd'hui singulièrement dépourvus. On dira que tant que l'élection présidentielle précèdera de quelques semaines les élections législatives, celles-ci resteront le pâle reflet et l'inévitable extension de celle-là. D'où l'utilité et même la nécessité de la réforme simultanée du mode de scrutin législatif. Avec une proportionnelle tempérée par une prime majoritaire, la majorité serait à la fois stable et étroite. L'Assemblée nationale retrouverait son véritable pouvoir d'amender, de contester, de rééquilibrer, voire de bloquer des lois.

Avec l'instauration d'un régime présidentiel, le pouvoir exécutif serait aussi fort, mais plus légitime, car le pouvoir législatif serait renforcé et même retrouvé. Les institutions gagneraient nettement en simplicité, en lisibilité et surtout en démocratie. On pourrait du même coup imaginer un pouvoir judiciaire totalement indépendant avec à sa tête un chancelier désigné par le Conseil constitutionnel, n'appartenant pas au gouvernement, inamovible durant son mandat de cinq ans. Si ces réformes se faisaient – sous le prochain quinquennat ? – la démocratie présidentielle et la démocratie d'opinion divergeraient moins. La République présidentielle serait sûrement plus démocratique et la démocratie d'opinion peut-être plus apaisée.

Chapitre 7

Les prétendants de 2022

Dans un an, la campagne présidentielle battra son plein. La ronde endiablée des médias audiovisuels s'affolera. Chaque jour une meute de candidats déclarés se ruera vers les studios de radio et de télévision. Les réseaux sociaux seront au paroxysme de l'effervescence et de la démesure. Seul à ce stade, c'est la tradition instaurée par ses prédécesseurs, c'est son statut et c'est son intérêt, le président de la République n'aura pas encore fait connaître ses intentions. Emmanuel Macron a évidemment envie d'un deuxième mandat. Tout l'y pousse : son ambition de moderniser la France, bousculée par l'incroyable succession de crises qu'il a dû affronter ; son orgueil et son tempérament de guerrier sophistiqué ; sa volonté de marquer, de laisser une empreinte spécifique dans l'histoire de la Ve République, son jeune âge enfin.

Rien n'est cependant écrit lorsqu'on traverse une période aussi convulsive, aussi instable, aussi inflammable que celle que nous vivons. Dès lors, à seize mois du premier tour, il serait absurde de proclamer que le chef de l'État sortant sera le favori du scrutin, les précédents de Valéry Giscard d'Estaing et de Nicolas Sarkozy le prouvent bien. Imprudent même de tenir sa candidature pour assurée, le souvenir du renoncement de

François Hollande est encore trop brûlant. En avril 2022, tout peut en fait se produire, tout peut arriver, tout est ouvert. La phase est si fiévreuse et anxieuse, avec un taux de chômage dramatique, une bataille féroce pour relancer la croissance, les séquelles cruelles de la crise sanitaire, elle est par nature si houleuse et si orageuse qu'on ne peut même pas écarter le surgissement soudain d'un personnage populaire issu de la société civile, la percée impromptue d'un candidat en théorie modeste, l'effondrement d'un favori, la remontée d'un outsider, l'enlisement de celui ou celle qui aura fait la course en tête. Chaque élection présidentielle est un mystère mais celle-ci, dans les conditions que nous connaissons, est la plus énigmatique de toutes.

On ne peut pas exclure qu'à côté des champions des grandes et des petites familles politiques s'invite dans la campagne un personnage porté par une vague de mécontentement, poussé par un accès de colère populaire ou inspiré par le rejet et la haine du monde politique. Bien entendu, il y aura parallèlement quelques autres candidatures non politiques susceptibles d'obtenir les fatidiques cinq cents signatures de maires, de grands élus territoriaux ou de parlementaires. Ainsi y aura-t-il peut-être un représentant du parti animaliste, un chasseur, pourquoi pas un vegan, voire un indigéniste ou encore une militante féministe. Autant de candidats de premier tour, champions d'une croisade spécifique dont l'appui sera recherché par les deux qualifiés pour le second tour.

Tout autre chose serait le surgissement d'un personnage populaire ou soudain symbolique, jeté dans la mêlée en raison d'un climat spécifique, incarnant la protestation ponctuelle d'une fraction furieuse de la société civile vis-à-vis des candidats de la société politique. Ainsi lors de l'élection présidentielle de 1981 vit-on le très populaire et frondeur comique et acteur Coluche, à l'humour dévastateur, jeter le trouble dans la campagne en atteignant jusqu'à 12 % des intentions de vote, au vif mécontentement de François Mitterrand qui craignait de le voir détourner des voix de gauche. Il n'en fut rien, car Coluche ne put jamais espérer recueillir les cinq cents signatures requises et se lassa vite de sa propre provocation. Mais qui peut jurer aujourd'hui, en situation de triple crise, avec des Français inflammables et tant de ressentiment dans l'air, qui peut jurer qu'un candidat non politique ne fera pas une entrée théâtrale et cavalcadante au beau milieu de la campagne ? Ce peut être un comique déguisé en procureur démagogique comme en 1981, mais peut-être aussi un écrivain en colère, il n'en manque pas, ou bien un personnage poussé par les circonstances, un porte-étendard des Gilets jaunes retrouvés, un protagoniste en vue des controverses sur le Covid, ou encore un militant charismatique émergé de la bataille du chômage.

Déjà Jean-Marie Bigard a rêvé de ce rôle du comique en fureur, insultant l'ensemble du monde politique, se déchaînant contre les candidats déclarés, s'intronisant héros d'un peuple angoissé et revanchard. Avec sa popularité impressionnante (un million de « followers »), avec les énormités grossières mais terriblement sonores qu'il est capable de produire à la chaîne, avec ses interpellations d'une vulgarité retentissante, avec sa prétention (vite douchée) d'incarner les Gilets jaunes, il aurait pu devenir pour quelques semaines, voire quelques mois, un perturbateur retentissant. Il a finalement renoncé, n'est pas Beppe Grillo, le comique italien qui a inventé le mouvement Cinq étoiles, n'est pas Beppe Grillo qui veut. La campagne de 2022 a échappé aux rugissements et aux provocations de Bigard.

Il pourrait y avoir bien plus sérieux, bien plus consistant et bien plus théâtral. Ce n'est pas le plus vraisemblable mais, l'atmosphère étant ce qu'elle est, ce n'est pas inimaginable. Ainsi existe-t-il dans les épreuves et les fractures actuelles une demande insistante d'autorité et d'unité, voire d'autoritarisme et de discipline, ne s'adressant plus aux politiques, mais se dressant au contraire contre eux. D'enquête en enquête, ce sentiment trouble mais croissant traverse presque un tiers de la population. On pourrait imaginer qu'un homme comme le général Pierre de Villiers, ancien chef d'état-major des Armées, démissionnaire avec fracas après avoir été humilié publiquement par Emmanuel Macron, remplisse ce rôle. Son départ lui a valu une certaine popularité, vérifiée par le succès de ses livres. Des Gilets jaunes ne scandaient-ils pas « Villiers à l'Élysée » ? Il n'est certes pas l'homme d'un coup de force ou d'une provocation mais il a l'allure, le maintien, l'expression du visage typique du chef militaire de haut rang qui en impose, capable d'alimenter des nostalgies séculaires. Il passe pour un conservateur légaliste, très légaliste et très conservateur. Il ne manifeste aucun désir explicite de s'engager dans cette campagne mais il s'exprime beaucoup dans le débat public, avec gravité, voire grandiloquence sinon précision. Il est l'une des figures non politiques qui observent la scène électorale depuis une loge bien placée.

Le cas du professeur Didier Raoult est d'une tout autre nature. Depuis le début de l'épidémie de Covid-19, ce chercheur de réputation internationale est devenu la figure la plus célèbre, la plus populaire et la plus controversée du corps médical. Ses partisans fort nombreux ne l'aiment pas, ils l'adorent, ils ne l'estiment pas, ils l'idolâtrent. À Marseille et au-delà en Provence on ne jure que par lui et on considère que sa seule présence dans la capitale phocéenne constitue la meilleure protection possible contre la maladie et contre la mort. On l'intronise en héros de la province travailleuse et chaleureuse face aux technocrates pisse-froid de la capitale. Il est la revanche de Marseille contre Paris, de la France profonde contre les patriciens de Lutèce. Il se défend de toute ambition politique, *a fortiori* présidentielle, il est très clair là-dessus, mais pour le coup dans les réseaux sociaux on l'installe volontiers au palais de l'Élysée. Il savoure visiblement sa popularité, il la travaille avec jubilation. Il s'exprime chaque semaine dans des vidéos qui battent des records d'audience et que reprennent religieusement les chaînes d'information continue. Il professe un dédain hautain vis-à-vis des médias et des journalistes, mais il accepte volontiers les multiples invitations à de longues interviews. Pour le coup, s'il changeait d'avis et souhaitait se présenter à l'élection de 2022, il n'aurait pas beaucoup de mal à obtenir les cinq cents signatures fatidiques. Son charisme, son assurance, son autorité, ses réparties cinglantes feraient merveille dans une campagne, même si ses écarts, ses outrances et son autosatisfaction éclatante le rendraient vulnérable. Une chose est sûre : le professeur Raoult a maintes fois répété qu'il ne voulait pas monter sur la scène politique, mais s'il changeait d'avis il deviendrait aussitôt un concurrent à prendre au sérieux, car il a le charisme d'un outsider, atypique mais célèbre, admiré, qu'un courant populiste pourrait pousser.

Son collègue le professeur Philippe Juvin, chef du service des urgences à l'hôpital européen Georges-Pompidou, ne possède ni sa renommée ni sa popularité. En revanche, il fait comprendre très clairement qu'il se verrait volontiers un destin politique et l'élection présidentielle lui donne de l'appétit. Politique, il l'est déjà à temps partiel. Il est maire Les Républicains de La Garenne-Colombes, président de la puissante fédération LR des Hauts-de-Seine. Il a été président des jeunesses néo-gaullistes, conseiller général des Hauts-de-Seine, député européen. C'est un homme courageux, il l'a prouvé lors d'une mission sanitaire pour l'Otan en Afghanistan, c'est aussi un ambitieux énergique. Il appartient à l'aile droite des Républicains, il déclenche souvent des polémiques, tant sur le plan professionnel qu'avec le gouvernement. C'est un habitué des plateaux de télévision où l'on ne sait jamais si c'est le professeur de médecine ou le responsable LR qui s'exprime. Il séduit et il clive. S'agissant de l'élection présidentielle, il a visiblement les yeux plus gros que le ventre. Pour devenir le substitut du professeur Raoult, il lui faudrait une popularité qu'il n'a pas et une immersion populiste qui ne convient pas à son style de mandarin impérieux.

Michel Onfray est aussi un nom souvent cité parmi les personnalités de la société civile les plus engagées dans le débat politique. Le philosophe et essayiste de 61 ans est un polémiste né. C'est à la fois un intellectuel de haute volée avec pas moins d'une centaine de livres à son actif, dont de mémorables succès de librairie, et un révolté perpétuel. Féru de Nietzsche, d'Épicure et de Proudhon, un trio bien désaccordé, il a publié un très célèbre *Traité d'athéologie*. Cet athéisme religieux pourrait aisément se prolonger en athéisme politique. Onfray est féroce vis-à-vis du monde du pouvoir, avec une violence éloquente et un brio dévastateur. Il méprise les sociaux-démocrates et déteste les libéraux. Il a voté pour Olivier Besancenot à deux reprises. La qualification de Jean-Marie Le Pen pour le second tour de l'élection présidentielle de 2002 l'a tellement révulsé qu'il a quitté l'enseignement pour fonder l'Université populaire de Caen. Celle-ci a connu un véritable succès, ses leçons de contre-histoire de la philosophie ont même été retransmises sur France Culture. Michel Onfray, encyclopédique, brillant orateur, terrible jouteur rugissant sa dialectique redoutable, démagogue hautain, est un féroce destructeur de certitudes. Il éblouit, il impressionne et puis il entre en colères homériques qui le brouillent avec le monde entier et entament son crédit. Il n'a que sarcasmes et mépris pour les médias qui se battent d'autant plus pour le recevoir, le publier, l'interviewer. C'est un cœur généreux, un homme en colère, capable des propos les plus injustes, un homme blessé aussi, car il a connu de grandes épreuves personnelles. Avec le temps, il a changé. Il est devenu un souverainiste irréductible, maudissant l'Europe, la mondialisation, le capitalisme financier et le XXIe siècle. Il se proclame désormais populiste, a fondé une revue pour laquelle il a choisi un titre naturellement provocateur : « Front populaire », il y héberge des souverainistes de droite et de gauche, surtout d'extrême droite et d'extrême gauche. Il bataille dur contre l'islamisme. Il est donc accusé de dériver vers l'extrême droite, ce qui le fait entrer en transes shakespeariennes. Il est en transhumance idéologique, on ne sait pas encore exactement vers où. S'il sautait dans l'arène présidentielle, cela ferait un fracas d'enfer. Jean-Luc Mélenchon apparaîtrait par différence comme un tiède, Marine Le Pen comme une dame d'œuvre pacifique. Il jure qu'il ne le fera pas mais, par un jour de courroux extrême, il n'en est pas avare, il peut s'enflammer jusqu'à traverser la muraille. Il ferait le candidat le plus érudit et le plus sanguin.

Éric Zemmour est un autre nom très fréquemment cité. Le journaliste le plus célèbre et le plus controversé de France est courtisé par cette frange de la droite extrême et de l'extrême droite qui ne se satisfait pas de la candidature de Marine Le Pen, trop limitée ou déjà trop usée à leurs yeux. Puisque Marion Maréchal-Le Pen ne veut pas affronter directement sa tante sur la scène électorale, Éric Zemmour leur paraît la meilleure solution. N'est-il pas suivi sur CNEWS par cinq cent mille téléspectateurs conquis d'avance, enthousiasmés par les croisades, par les provocations et même par les pires dérapages de l'auteur du *Suicide français* ? N'ose-t-il pas proclamer tout haut ce que ces téléspectateurs grommellent tout bas ? N'est-il pas le porte-parole de ces électeurs d'extrême droite ou populistes qui ne se reconnaissent pas dans les débats ordinaires et qu'Éric Zemmour comble de joie ? Détestation des musulmans, rejet total des immigrés, dénonciation de l'Europe et de la mondialisation, haine des élites, complotisme, nationalisme assumé, nostalgie de la France d'avant-hier, machisme brandi comme un étendard, allergie vis-à-vis des minorités, religion de l'autorité et de l'ordre, on vogue entre le général Boulanger, Maurice Barrès pour le meilleur, Charles Maurras pour le pire. Pour cette France-là qui grossit, Éric Zemmour est le chantre rêvé. Très cultivé, même s'il prend des libertés avec l'Histoire, incontestablement talentueux, que ce soit par la plume ou par le verbe, c'est un idéologue barricadé et un polémiste qu'aucune outrance n'effraie, qu'aucune barrière n'arrête. Il n'a peur ni de blesser ni de fracturer. Avec cela, un physique d'adolescent vulnérable avec de grands yeux brillant d'un feu étrange, un visage constamment en mouvement, empourpré de colère ou secoué par le rire, toujours excessif, rarement en repos. Condamné par la justice à de nombreuses reprises, persuadé d'être lui-même le persécuté et certain de sa propre innocence. Réticent à s'engager officiellement en politique, ne voulant pas endosser de casaque, trop franc-tireur pour cela mais flatté qu'on le courtise, émoustillé qu'on le sollicite, critique vis-à-vis de Marine Le Pen, omniprésent sur la scène publique, parfois en orateur ultra engagé. Immergé dans le combat politique mais rétif au combat partisan. Semblable à ces intellectuels brillants et dangereux des années 1930 aux confins de l'extrême droite, totalement engagés sans être forcément encartés. Éric Zemmour en est là, frôlant les braises sans les saisir. Attiré et réticent, affamé et méfiant.

À côté de ces figures virtuelles mais dont on ne peut jurer qu'aucune ne deviendra réelle, à côté de ces stars de la société civile, il y a les candidatures certaines, probables ou possibles relevant, elles, directement de la société politique. Quelques-unes sont à la fois logiques, légitimes et de peu de poids. En 2022, il y aura comme toujours au moins deux candidats trotskystes l'un (ou sans doute l'une) pour Lutte ouvrière, l'autre pour le Nouveau Parti anticapitaliste. Même si Olivier Besancenot avait obtenu 4 % des voix en 2002 et si Arlette Laguiller en avait rassemblé presque 6 % la même année, les couleurs trotskystes ont bien fané depuis. D'éventuelles tempêtes sociales pourraient peut-être élargir légèrement leur espace mais on les imagine mal atteindre la barre des 5 % au-dessus de laquelle les frais électoraux sont remboursés par la République. Le postier juvénile aux airs de Gavroche et la militante révolutionnaire entrée en trotskysme comme on entre en religion n'ont pas de successeur de leur acabit. De même, on n'échappera sans doute pas à la présence d'un ou deux candidats farouchement partisans de la sortie de l'euro et de l'Europe, même si l'Europe a amplement démontré sa nécessité durant la triple crise. De même qu'il reste des partisans clairsemés mais irréductibles de la monarchie aux fleurs de lys, des fidèles qui croient voir en le comte de Paris le souverain légitime du royaume de France, il y a, plus nombreux il est vrai, des acharnés du Frexit. Il se trouve toujours un ou deux volontaires pour les représenter à l'élection présidentielle. En 2017, aucun de leurs champions n'a atteint 1 %, mais ils persisteront sans doute, eux-mêmes ou leurs héritiers aux yeux bandés. Candidatures de témoignage.

Au-dessus de ces figurants trônent les candidats de poids, ceux entre qui doit théoriquement se jouer l'élection. Première en lice, elle a déclaré sa candidature dès janvier 2020, Marine Le Pen. La présidente du Rassemblement national est bien décidée à tenter sa chance pour la troisième fois. François Mitterrand et Jacques Chirac n'ont-ils d'ailleurs pas été vainqueurs à leur troisième tentative ? Au sein même de son parti, certains ne cachent pas leur scepticisme. Depuis le fameux débat de l'entre-deux-tours en 2017, leur foi a vacillé. Ils s'interrogent sur la stature, sur le charisme, sur l'image de Marine Le Pen. Par ailleurs, on l'a vu à propos d'Éric Zemmour, aux confins de la droite extrême et de l'extrême droite, des francs-tireurs rêvent, faute d'une candidature de Marion Maréchal-Le Pen, d'un champion de substitution à Marine Le Pen, capable de rapprocher l'électorat de droite classique et celui de l'extrême droite. Le nom d'Emmanuelle Ménard, députée de l'Hérault, épouse de Robert Ménard, le populaire maire de Béziers, grande gueule devant l'Éternel, revient parfois. Elle passe pour l'une des élues les plus travailleuses et les plus actives au Palais-Bourbon, proche de l'extrême droite mais autonome et sérieuse. Bref, il y a du scepticisme dans l'air, d'autant plus, on l'a vu, que le Rassemblement national connaît de gros problèmes et que la perspective des élections régionales et départementales s'annonce nettement moins flamboyante qu'il y a six ans. Marine Le Pen, c'est la mode qui trotte, devra surmonter plus d'obstacles qu'en 2017. Les sondages plaçant Nicolas Dupont-Aignan autour de la barre des 5 % alimentent ce climat. Le député de l'Essonne, obstiné et bravache, croit en son destin et, pour faire parler de lui, n'hésite pas à reprendre les idées les plus caricaturales et même les thèses les plus absurdement complotistes. Il n'y a pas une feuille de papier à cigarette entre les thèmes de Marine Le Pen et les siens mais le plus démagogique des deux n'est pas l'élue des Hauts-de-France mais celui d'Île-de-France. L'espace occupé par Nicolas Dupont-Aignan ampute à coup sûr celui de Marine Le Pen. On pourrait croire que ce faisceau d'indices est de mauvais augure pour elle.

On se tromperait du tout au tout. La présidente du Rassemblement national n'a jamais eu autant de chances de réussir un gros score. Pour la première fois, il n'est même pas exclu qu'elle arrive en tête au premier tour. Quant au duel final, il est vraisemblable qu'elle y ferait meilleure figure et y obtiendrait un meilleur score. Sa victoire n'est certes pas encore probable, mais elle devient possible. Le trouble au sein du Rassemblement national ? Elle le surveille de près et n'hésite pas à écarter brutalement ceux qui manifestent des doutes ou des réticences. Le Rassemblement national fonctionne comme une monarchie absolue. Marine Le Pen est maîtresse chez elle. Ses idées demeurent toujours aussi courtes et aussi sommaires ? Peu importe, car elle surfe beaucoup plus sur le rejet des autres que sur son propre projet. Son atout maître, c'est d'incarner la fureur antisystème. Elle a beau en être une bénéficiaire, cela ne compte pas. Dans l'opinion, elle passe pour la principale adversaire d'Emmanuel Macron, de son gouvernement, de sa majorité, de ses hommes, de ses idées, de ses structures. Elle maudit l'Europe, elle dénonce la mondialisation, elle abhorre Bruxelles et New York. Elle s'en prend au pouvoir politique mais aussi aux hauts fonctionnaires, aux grandes entreprises toujours maléfiques, à l'oligarchie ou à la caste, comme elle dit avec un parfum bien reconnaissable de complotisme perpétuel. Elle est contre, c'est son mantra qui plaît tant à bien des Gilets jaunes. Contre l'immigration, contre la religion musulmane, contre le laxisme policier et surtout judiciaire, contre la politique économique et sociale, quelle qu'elle soit, sarkozienne, hollandaise, macronienne. Pas un projet de loi qu'elle ne combatte, pas une mesure qu'elle ne conteste, pas un ministre qu'elle n'épargne, pas un fait-divers qu'elle n'exploite, pas un échec qu'elle n'accable, pas un succès qu'elle ne nie.

De plus, elle est habile et elle a du sens politique, on peut même dire du nez. Elle connaît ses limites, elle sait se faire discrète lorsque la situation se tend. Ainsi, au plus fort des manifestations des Gilets jaunes, exprimait-elle son soutien mais sans déclarations fracassantes. De même, au pic de la première vague de la pandémie critiquait-elle le pouvoir aussi vertement qu'elle se gardait bien de proposer une contre-politique, sinon pour en appeler, comme toujours, à la fermeture des frontières : son rêve a toujours été une France cadenassée. Elle intervient peu dans la fabrique des lois, préférant pourfendre que débattre. En revanche, elle pressent comme personne l'exploitation possible d'une gaffe gouvernementale, d'un crime crapuleux, d'un accident dramatique, d'une rixe entre quartiers ou entre communautés, d'une tempête s'acharnant contre un village. Dans ces cas-là, elle est la première à réagir, la plus violente, la plus efficace. Elle n'est pas seulement une opposante vindicative et systématique, elle possède l'instinct de la dénonciation bien ciblée, une adresse incomparable pour jeter de l'acide sur les plaies. Certes, son tempérament, qualités et défauts rassemblés, ne lui vaut pas une image chaleureuse. Les sondages se répètent et se confirment les uns les autres : elle passe pour autoritaire, arrogante, dynamique et courageuse mais surtout pour peu sympathique (sauf chez ses propres électeurs) et, pire, pour n'ayant pas la stature présidentielle. Est-ce rédhibitoire ? En période normale, sans doute, mais dans une phase aussi chaotique et semée d'épreuves qu'aujourd'hui, c'est moins sûr. Elle fait tout par ailleurs pour tenter d'adoucir son image, mettant en scène sans vergogne famille, vacances, ou chats. Mais surtout, et c'est là l'essentiel dans un climat de défiance et de ressentiment, incarner le rejet constitue déjà un solide projet.

Autre candidat de poids, Jean-Luc Mélenchon. À vrai dire, personne ne doutait vraiment que le leader charismatique des Insoumis s'apprête à tenter une dernière fois sa chance. À 69 ans, ce sera pour lui aussi un troisième essai. S'il n'est pas plus modéré que Marine Le Pen, il est d'une tout autre envergure intellectuelle, son talent d'orateur et de débatteur s'élevant mille pieds au-dessus de celui de la présidente du Rassemblement national. Cela n'en fait pas pour autant un candidat aussi redoutable que la championne de l'extrême droite. Jean-Luc Mélenchon est le plus singulier, le plus original, le plus féroce des adversaires d'Emmanuel Macron. Il porte en lui comme une double personnalité. D'un côté, l'homme d'État virtuel de la gauche de rupture, se rêvant dans le sillage de Jaurès et de Mitterrand. De l'autre, un pamphlétaire furieux et emporté, ne parvenant pas à s'empêcher de mordre la ligne. Le premier Mélenchon suscite la considération, parfois même l'admiration. N'est-il pas, de très loin, l'orateur le plus flamboyant de toute la scène politique, comme le furent justement en leur temps Jean Jaurès et François Mitterrand ? Qui d'autre que lui est capable d'impressionner soudain l'Assemblée nationale, adversaires inclus, par une improvisation de grand républicain face à un drame ou à un attentat ? Qui peut rassembler et enthousiasmer une foule énorme, jusqu'à cent mille personnes, par l'un de ces discours émaillés de références littéraires et historiques, dans un style certes grandiloquent mais romantique, lyrique, visionnaire à condition de croire aux chimères et d'aspirer au moins verbalement aux révolutions ? Dans ces cas-là, il se hausse effectivement à la hauteur de l'orateur intarissable et prodigieux que fut Jaurès ou à celle du Mitterrand des grandes occasions, polémiste étincelant en chef de l'opposition, président socialiste faisant l'Histoire devant le Bundestag, la Knesset ou le Parlement de Strasbourg. Ces cimes-là, Mélenchon est parfois susceptible de les atteindre. Personne d'autre aujourd'hui, sauf Nicolas Sarkozy par de tout autres moyens, n'est capable de galvaniser comme lui. S'il s'agit de culture personnelle ou de vision de l'Histoire (économie évidemment exclue), nul n'égale Jean-Luc Mélenchon.

Hélas, s'il existe un Jean-Luc Mélenchon qui tire vers le haut, il y a également un Jean-Luc Mélenchon qui tire vers le bas et qui creuse lui-même les abîmes où il se précipite. Celui-ci se fabrique un personnage voué à être l'éternel minoritaire, cuirassé de sectarisme, casqué d'outrecuidance, insultant l'adversaire, hurlant de colère, méprisant journalistes et contradicteurs, désespérant ses amis, provoquant la terre entière, révolté injurieux se précipitant dans l'impasse. Ce Mélenchon-là excuse ses propres débordements en se vivant en victime éternelle. C'est le Jean-Luc Mélenchon qui se persuade que la justice s'acharne contre lui, que la police le menace, que le pouvoir le persécute, que ses alliés le lâchent, que ses ennemis multiplient les pièges sous ses pieds. Alors, il lui arrive de frôler l'algarade ou la rixe sous le regard interloqué des caméras, dépourvu alors du sens du ridicule jusqu'à s'exclamer « la République, c'est moi ». Cette double personnalité, on la retrouve dans ses rapports avec le reste de la gauche. Ainsi peut-il lancer en 2017 au leader communiste de l'époque, Pierre Laurent, abasourdi : « Vous êtes la mort et le néant. Dix mois pour me soutenir, dix minutes pour soutenir Macron. » Ou bien il traite Daniel Cohn-Bendit de « dégénéré », il accuse l'estimable ministre de l'Intérieur Bernard Cazeneuve de s'être « occupé de l'assassinat de Rémi Fraisse », comme s'il avait organisé la mort du malheureux militant écologiste. Quant à François Hollande, cible d'incessants quolibets dont le terrible « capitaine de pédalo », et quant à Emmanuel Macron, caricaturé en parrain des « oligarques » français, ils ne sont pas prêts d'oublier ses insultes. Dans ses phases de radicalisme extrême, Jean-Luc Mélenchon frôle l'hébertisme et la poignée de députés inconditionnels qui forment sa garde rapprochée n'est pas en reste.

Et puis, lorsque approchent les échéances présidentielles, ressurgit le premier Mélenchon. Il s'avance alors, costumé en figure de proue d'un vaste rassemblement imaginaire. Ainsi en 2017 interdit-il au Parti communiste qui le soutient d'arborer ses drapeaux rouges traditionnels dans les meetings et les cortèges et préfère-t-il apostropher « Vous, les gens » plutôt que le rituel « camarades » de l'extrême gauche, assumant de s'adresser au peuple tout entier plutôt qu'à sa frange radicale. En 2020, il postule à l'incarnation d'une « fédération populaire » rassemblée autour de « causes communes ». Il s'avoue alors flatté et heureux que Lionel Jospin le traite avec considération dans son nouveau livre. L'estime du Premier ministre de la gauche réformiste le comble ainsi de joie. Toujours en 2020, il renoue avec le Parti communiste, tend largement la main aux écologistes – il se définit maintenant comme « républicain écologiste anticapitaliste » – et va, par un audacieux retournement, jusqu'à saluer poliment François Hollande qu'il assassinait naguère quotidiennement. Jean-Luc Mélenchon reprend la route de l'élection présidentielle. Le bretteur, le pamphlétaire, le polémiste se fait discret. La figure jauressienne et mitterrandienne réapparaît par miracle.

Non pas qu'il enterre ses idées : anticapitaliste un jour, anticapitaliste toujours. Il préconise avec entêtement une VIe République instaurée par une longue constituante prévoyant référendum citoyen et référendum révocatoire comme en 1793. L'Otan, l'Europe demeurent ses cibles. Il cherche cependant des points d'équilibre. Ainsi sur la question si explosive du communautarisme (elle divise la gauche et même les Insoumis eux-mêmes) met-il en avant la « créolisation » chère à l'écrivain antillais Édouard Glissant, croyant éviter ainsi à la fois toute islamophobie et tout indigénisme. Il y a un temps pour l'invective et un temps pour le rassemblement. Celui qui fut le plus jeune sénateur de France, c'était en 1986, est aujourd'hui le patriarche virulent de la gauche. Le « député-reporter » François Ruffin, c'est ainsi qu'il se définit, devra attendre 2027 pour tenter sa chance à son tour sur le registre du révolté haineux et talentueux.

Si, à l'aile la plus avancée de la gauche, Jean-Luc Mélenchon n'a pas de rival, cela ne signifie en rien que les autres composantes de gauche soient prêtes à se ranger en bon ordre derrière lui. Bien au contraire : le Parti communiste voudrait, s'il le peut, exister de nouveau, donc concourir sous ses propres couleurs. Les socialistes n'ont pas renoncé, malgré leurs traverses, à lui disputer la primauté à gauche. Et surtout, les écologistes se sentent pousser des ailes immenses et chatoyantes, susceptibles de les porter au-dessus des autres familles.

Les communistes, à vrai dire, n'ont rien à espérer de l'élection présidentielle, si peu compatible avec leurs convictions et si contraire à leurs intérêts. Lorsqu'ils ont renoncé à présenter leur propre candidat après le naufrage de Marie-Georges Buffet (1,9 % en 2007), ils ont admis implicitement que ce vote-là n'était pas pour eux. Leurs mésaventures avec Jean-Luc Mélenchon les incitent cependant à menacer de se mettre de nouveau sur les rangs mais les sondages ne leur laissent aucun espoir. Leur nouveau chef de file, Fabien Roussel, est énergique et a son franc-parler. Il sait bien, c'est un réaliste, qu'à grappiller deux points, il desservirait la gauche sans restaurer en rien le prestige de son parti. Le plus probable est donc qu'à l'arrivée les communistes se rangeront de nouveau derrière Jean-Luc Mélenchon, veillant cependant cette fois à se faire respecter.

Les écologistes, eux, se sentent en revanche poussés par des vents favorables comme jamais. L'environnement est enfin devenu une des préoccupations majeures des Français. Toute l'actualité la porte et la renforce. Les accidents climatiques violents qui se succèdent ou la réduction de l'impact du gaz carbonique deviennent une cause mondiale. Alimentation, agriculture extensive, transports routiers et aériens, bétonisation des terres, isolation de l'habitat, industries à risque, tout devient objet de débats, tout entretient l'argumentaire des écologistes. D'ailleurs, si les élections présidentielles et législatives ne leur sont pas favorables, les élections européennes, municipales, et vraisemblablement régionales et départementales les enracinent. Depuis l'avènement d'Emmanuel Macron, l'écologie est la force qui monte. Le problème est que jusqu'ici les écologistes ne se montrent pas du tout à la hauteur de l'écologie. Ils sont les mauvais serviteurs d'une bonne cause. Comme on pouvait le prévoir, les nouveaux maires de grandes villes vêtus de vert accumulent les maladresses involontaires et les provocations délibérées. Dans l'opposition, ils bataillent vigoureusement pour leur idéal. Au pouvoir, ils lui nuisent. De plus, ils sont loin d'être plus unis que d'habitude. Ils constatent, c'était écrit, que les familles politiques de tous poils cherchent à rattraper leur retard en matière d'environnement plus ou moins vite, plus ou moins bien. Surtout, le poison rituel de la discorde, particulièrement virulent chez les Verts, continue à faire son œuvre. Déjà, deux candidats possibles, Yannick Jadot et Éric Piolle, s'affrontent chaque semaine et, pire, incarnent deux sensibilités bien distinctes, deux identités légitimes.

Yannick Jadot serait le candidat naturel des Écologistes s'il pouvait y avoir un candidat naturel chez les Écologistes. N'a-t-il pas été choisi pour porter leurs couleurs à l'élection présidentielle de 2017 et, devant l'effondrement de la gauche réformiste, n'a-t-il pas accepté de s'effacer et de se ranger derrière Benoît Hamon ? Voilà quelqu'un qui croit aux vertus du rassemblement et le prouve, même si la manœuvre échoue lamentablement (6,4 % pour Hamon). N'a-t-il pas, c'est plus flatteur, arraché 13,5 % des suffrages exprimés aux élections européennes où il menait la liste EELV, meilleure performance depuis les fameux 16 % obtenus par Daniel Cohn-Bendit aux élections européennes de 2009 ? Ne possède-t-il pas un certain charisme, une grande confiance en soi, une notoriété qu'aucun autre candidat écologiste n'approche, Nicolas Hulot s'étant exclu du jeu ? Cela fait beaucoup d'atouts mais il subit un terrible handicap : c'est un écologiste à l'allemande, c'est-à-dire un réaliste. Il n'est pas hostile à l'économie sociale de marché européenne. Il ne rejette pas les compromis nécessaires pour accéder au pouvoir. Il avoue même préférer travailler avec un maire de droite écologiste plutôt qu'avec un maire de gauche productiviste. Il préconisait une alliance Villani/Verts aux élections municipales de Paris. Tout cela est beaucoup trop raisonnable pour la plupart des dirigeants et des militants écologistes. Pire : il affiche des goûts personnels conviviaux. Il adore le Tour de France (abhorré par les Verts), il se réjouit de l'approche des Jeux olympiques à Paris (une abomination pour EELV), bref, il incarne une écologie pragmatique et cordiale plutôt que punitive et acide. Tout cela ainsi que le fait de proclamer ouvertement son envie d'être candidat le dessert chez les militants. D'ailleurs, il a déjà perdu une escarmouche : il souhaitait que le candidat des Verts à l'élection présidentielle soit choisi avant la fin de l'année. Ce sera pour après les élections régionales et départementales… peut-être seulement en juin 2021.

C'est ce que souhaitait Éric Piolle, premier maire écologiste d'une grande ville (Grenoble), glorieusement réélu en 2020. Il n'est pas la seule alternative à Yannick Jadot. L'ancienne ministre Delphine Batho par exemple, au caractère si trempé qu'il est redouté de tous, s'y verrait bien. Sandrine Rousseau, elle, se met officiellement sur les rangs. Le maire de Grenoble présente cependant l'avantage d'une double victoire déjà acquise sur le terrain et d'un profil qui convient aux militants et à beaucoup de dirigeants verts. Nettement plus à gauche que Yannick Jadot, il a voté Mélenchon et rêve d'une alliance Verts/Insoumis. Avec de l'autorité, beaucoup de certitudes et une très perceptible ambition, il correspond mieux aux normes d'Europe Écologie-Les Verts. À Grenoble, piétonnisation et pistes cyclables sont à l'honneur mais il ne veut ni d'une police municipale armée ni de caméras de surveillance. Du coup, dans la capitale du Dauphiné, arbres et fleurs poussent avec profusion, la politique culturelle est imaginative mais l'insécurité gâche la vie des habitants et les automobilistes se désespèrent. Éric Piolle entretient par ailleurs les meilleures relations avec Anne Hidalgo, maire rose/verte de Paris. Il met comme elle en scène sa disponibilité pour l'élection présidentielle. Il n'y a décidément pas de candidat naturel chez les Écologistes.

Il n'y en a pas davantage chez les socialistes. Un temps, leur premier secrétaire, Olivier Faure, envisageait même candidement de se ranger d'entrée de jeu derrière un candidat écologiste. Drôle d'idée pour un parti d'élus accrochés à leur identité historique. Devant la levée de boucliers générale, il est revenu à une stratégie plus classique, chercher un champion socialiste et tout faire pour faciliter l'union de la gauche. Vaste programme, n'est pas François Mitterrand ou Lionel Jospin qui veut. Bien entendu, les vocations ne manquent pas. Ségolène Royal est toujours disponible malgré ses allers et retours du socialisme au macronisme en passant par l'écologie. Elle continue cependant à être prête à se dévouer et ne doute pas un instant, ce n'est pas son genre, de son aptitude à incarner l'avenir. Elle est toujours charismatique, belle et d'un aplomb incomparable. Christiane Taubira fait toujours rêver une fraction du peuple de gauche, éblouie par son éloquence, ses poèmes et son itinéraire. Arnaud Montebourg, jusqu'à peu retiré de la politique, n'en est pas moins éternellement disposé à faire don de sa personne à une gauche désorientée. Il est en somme le pendant masculin de Ségolène Royal, persuadé lui aussi d'avoir toutes les qualités de son ambition. Ses thèses sont plus anachroniques que jamais, il plastronne volontiers mais son verbe retentissant lui vaut une certaine audience. C'est un matamore écouté, un orateur insolent qui prend constamment la pose mais trouve un public. Curieux personnage, à la fois léger et pompeux, talentueux et impulsif, charmeur et immature.

Bernard Cazeneuve, certes d'une autre stature et d'une autre autorité morale que le brillant mais fantasque ex-ministre de l'Économie, ne juge pas les conditions réunies pour une candidature utile. Pessimiste sur l'état de la gauche et sur les chances d'un rassemblement, il se tient en retrait, s'exprimant peu, écrivant des livres d'une plume raffinée, préférant sagement laisser du temps au temps. François Hollande, bien plus présent, bien plus actif, bien plus réactif, n'a pas renoncé à la vie politique. Il n'a rien perdu du sens tactique et de l'acuité d'analyse qui ont fait depuis si longtemps sa réputation. Il publie livre sur livre, toujours politiques, toujours bien accueillis. Il commente volontiers l'actualité, acide vis-à-vis d'Emmanuel Macron mais respectueux de l'unité républicaine face à l'accumulation des crises. Croit-il pouvoir de nouveau tenter sa chance et reconquérir l'Élysée ? Il en rêverait à coup sûr, conscient de n'avoir pu donner sa mesure et de n'avoir pas reçu l'estime méritée, mais il est trop réaliste pour croire en ses chances actuelles. Plus tard, pourquoi pas ?

En attendant, il s'attache à entretenir la flamme vacillante de la social-démocratie et à tenter d'en réinventer l'énergie. Il travaille à en redessiner et à moderniser le projet. Sur ce plan-là, il n'a pas de vrai concurrent.

En revanche, sur le terrain ouvertement électoral, la figure socialiste qui se précise ressemble fort à celle d'Anne Hidalgo. Durant sa campagne municipale victorieuse, elle avait certes maintes fois déclaré vouloir se consacrer exclusivement à sa bonne ville de Paris mais comme chacun le sait depuis Jacques Chirac, les promesses n'engagent que ceux qui les écoutent. Anne Hidalgo se découvre maintenant pas à pas. Elle possède plusieurs qualités. Elle sait mener une campagne, elle vient de le prouver. Elle est combative, opiniâtre, réaliste. Pour conserver Paris, elle a su rassembler dans sa majorité finale communistes, socialistes et écologistes, ainsi que quelques divers gauches comme Audrey Pulvar, dont elle voudrait faire sa tête de liste aux élections régionales. Elle a certes dû batailler avec ses partenaires pour affermir sa domination, mais ce n'est pas la combativité qui lui manque. Elle est même au contraire impérieuse, parfois intransigeante (quitte à faire marche arrière), voire dure et cassante. Elle a d'ailleurs découragé plus d'un collaborateur au sein de son cabinet, plus d'un adjoint dans sa mairie. Elle n'est pas une oratrice inspirée, mais c'est une débattrice vigoureuse. L'idéologie n'est pas sa tasse de thé – sur ce registre, elle ne risque pas de faire concurrence à François Hollande –, mais elle a des convictions et des intuitions. Elle a compris très tôt qu'il fallait marier écologie et social-démocratie, elle s'y est employée avec une constance brutale, voire tyrannique, dans la capitale. C'est une féministe vigoureuse, tout à fait dans l'air du temps mais sans outrances. Elle peut être maladroite lorsqu'elle trouve « inspirants » les propos provocateurs d'un sociologue d'extrême gauche, Geoffroy de Lagasnerie, se faisant le chantre d'une censure des intellectuels de droite. Elle peut aussi se montrer opportuniste ou versatile, à propos des Jeux olympiques de Paris (contre, puis pour) ou de la police municipale. Elle présente l'avantage de la notoriété et de l'exposition permanente en tant que maire de la capitale. C'est aussi un handicap, tant elle incarne la France urbaine et « bobo » des grandes métropoles. Elle n'a pas l'envergure et l'éloquence de son prédécesseur à la mairie de Paris Bertrand Delanoë. Telle quelle, énergique et disponible, elle est la mieux placée des socialistes dans les intentions de vote, à un niveau pour l'instant modeste mais encourageant. Elle reçoit des ralliements nombreux dans sa famille politique et même au-delà. La voici en flèche de ce côté-là, mais avec la certitude de trouver face à elle Jean-Luc Mélenchon et très probablement un candidat écologiste, sans compter d'éventuelles aventures individuelles au centre gauche. Il n'y aura pas d'union de la gauche en 2022 et, sauf retournement de l'opinion dans le chaos des crises, peu d'espérance de vaincre, ce qui pourrait la dissuader. On dit Najat Vallaud-Belkacem prête à se dévouer dans ce cas ou Stéphane Le Foll intéressé.

Au centre, il n'y a encore aucune vocation identifiée dans un espace dominé par Emmanuel Macron et surveillé par François Bayrou. Il se peut qu'un franc-tireur se lance dans une candidature de témoignage, histoire de se faire connaître et de bénéficier de l'exposition irremplaçable et périlleuse de la télévision. Un Jean-Christophe Lagarde quelconque (patron de l'UDI) pourrait s'y risquer. Le paysage du vote n'en serait guère modifié. Reste la droite dite républicaine, en clair LR

(Les Républicains). C'est plutôt de ce côté-là qu'une surprise pourrait survenir. Si Emmanuel Macron sortait trop affaibli de la deuxième vague du Covid-19 et de la crise économique et sociale qu'elle provoque, si Marine Le Pen démontrait une nouvelle fois ses limites, alors un candidat de droite classique, ce qui ne signifie pas forcément droite modérée, pourrait peut-être se frayer un chemin. Encore faudrait-il qu'il y ait là aussi une seule candidature au sein de cette famille politique puissante, mais blessée (battue en 2012 et en 2017), ce qui commence par l'adoption d'une procédure de sélection viable. Nous n'en sommes pas là. La droite avait un candidat rêvé mais elle l'a perdu, c'est François Baroin. Le maire de Troyes, président de la très influente Association des maires de France, offrait effectivement un profil séduisant. 55 ans, le bel âge pour une candidature présidentielle, un physique flatteur, une voix de baryton reconnaissable entre toutes, un curriculum vitae impeccable : journaliste à Europe 1 à 23 ans, député de l'Aube à 28 ans, maire de Troyes à 30 ans, porte-parole du gouvernement la même année, plus tard de nombreuses fois ministre, notamment du Budget, de l'Intérieur, puis de l'Économie et des Finances (grillant la politesse à Bruno Le Maire), il a toute l'expérience nécessaire. Il n'a pas que cela : Jacques Chirac, grand ami de son père tragiquement disparu dans un accident, fut son parrain politique. Nicolas Sarkozy l'apprécie. Depuis la candidature naufragée de François Fillon, Baroin faisait figure de dauphin naturel. Christian Jacob n'avait accepté la présidence de LR que pour tenir son étrier. Le candidat naturel a d'abord pris son temps, repoussant plusieurs fois sa décision, puis il a fait comprendre, non pas par une déclaration publique mais par des confidences distillées que, finalement, l'aventure ne l'intéressait pas. Heureux dans sa vie familiale, épanoui dans sa vie professionnelle, grand chasseur, bon tennisman, l'esprit ouvert, irréprochablement républicain, adversaire déterminé mais non caricatural d'Emmanuel Macron, il ne lui manque que le feu sacré, cette passion dévorante du pouvoir ou cette hubris narcissique qui font les grands candidats. François Baroin est en somme trop équilibré, trop bien dans sa vie pour se précipiter dans cette bataille féroce qu'est une campagne présidentielle et surtout dans cet engagement total et violent, carnassier, que constitue un quinquennat au palais de l'Élysée. Les Républicains se retrouvent Gros-Jean comme devant.

Ce n'est pas qu'ils manquent de candidats, c'est plutôt qu'ils en ont trop et que l'accord ne se fait pas sur la meilleure manière de désigner le lauréat. La primaire ouverte à tous les citoyens se sentant le cœur à droite (plus certains de gauche qui trichent) a rejeté successivement Nicolas Sarkozy, Alain Juppé et indirectement François Fillon, avec le résultat que l'on sait. Les cicatrices sont encore trop douloureuses pour que quiconque ait envie de récidiver. Dès lors, les uns rejettent toute primaire, à commencer par Xavier Bertrand, les autres exigent des primaires fermées, réservées aux militants ou aux sympathisants authentiques, c'est le cas notamment de Bruno Retailleau. Gérard Larcher, président du Sénat, la meilleure tête politique de la droite, s'il le veut le faiseur de rois (lui-même aurait fait un parfait président de la IIIe République), préconise avec insistance ce qu'il nomme bizarrement un « départage » encore mystérieux, sans doute une procédure de sélection allégée et resserrée. Reste que, si les choix actuels se maintiennent, si le calendrier est respecté, on ne connaîtra le fin mot de l'énigme qu'à l'été. D'ici là, la compétition sera orageuse. Elle l'est déjà.

En fait, il s'agit d'un match viril entre Xavier Bertrand et le reste du monde. Le président de la région des Hauts-de-France est candidat à l'élection présidentielle, il le dit, le proclame, le tambourine, le trompette plusieurs fois par semaine, avant tout le monde ou presque, plus haut que tout le monde en tout cas. Aucun autre prétendant ou prétendante, pas même Jean-Luc Mélenchon, pas même Marine Le Pen, ne s'avance aussi énergiquement, aussi résolument. C'est que Xavier Bertrand se trouve dans une situation très singulière. Il veut être le candidat de la droite républicaine mais il n'est pas, il n'est plus membre des Républicains. Il a claqué bruyamment la porte lorsque Laurent Wauquiez a été élu président des Républicains, une provocation, un choix insupportable à ses yeux.

Il est vrai que le cynisme et les thèses radicales sur lesquelles s'était imposé le trop fringant jeune leader avaient de quoi choquer même un professionnel de la politique au cuir aussi épais que Xavier Bertrand. Laurent Wauquiez, aussi doué qu'ambitieux, n'est d'ailleurs pas homme à renoncer. Il se taille un fief imposant dans la région Auvergne-Rhône-Alpes où sa science de la publicité fait merveille. Il revient pas à pas. Reste que le président des Hauts-de-France campe aujourd'hui dans la position paradoxale de candidat en flèche d'une famille politique qu'il a voulu quitter. Ce qui explique, cela va de soi, pourquoi Xavier Bertrand se montre aussi farouchement hostile à une procédure de primaires. Il pourrait en effet redouter que les militants et le noyau dur de l'électorat LR lui tiennent rigueur de son départ théâtral. Le voici donc candidat sans étiquette devant s'imposer à un parti auquel il n'appartient plus, un parti de surcroît éduqué à la religion du chef légitime. Une position pour le moins originale. Xavier Bertrand ne manque cependant pas d'atouts à faire valoir, bien au contraire. Pour commencer, les sondages l'installent actuellement à la troisième place, certes à bonne distance de Marine Le Pen et d'Emmanuel Macron, mais devant tous les autres. Il devance Jean-Luc Mélenchon, il distance largement Anne Hidalgo, il domine aisément Yannick Jadot. Quant aux candidats éventuels issus de la droite républicaine, il les éclipse sans conteste pour l'instant. Il fait maintenant mieux que François Baroin lui-même, même s'il est vrai que le bruit provoqué par l'annonce du refus du maire de Troyes déclenche inévitablement un mouvement démobilisateur. Si d'aventure les amis de François Baroin parvenaient dans quelques mois à fléchir sa résolution de s'abstenir, tout changerait. Mais pour l'instant, nous n'en sommes pas du tout là. Xavier Bertrand a pris nettement l'ascendant à droite.

Valérie Pécresse, la présidente de la région Île-de-France qui ne cache pas son désir de tenter sa chance, est largement distancée. Elle passe pour bonne gestionnaire, elle ne manque ni de fermeté ni de cohérence. Elle a laissé un souvenir positif à ceux qui l'ont côtoyée dans les gouvernements de Nicolas Sarkozy. Compétente, intelligente, tout le monde le reconnaît, c'est une libérale pas du tout libertaire, intransigeante en matière de sécurité, ouverte en matière culturelle. Jolie femme de surcroît, bon chic, bon genre, la première caractéristique étant un atout électoral et la seconde un handicap. Elle aussi a quitté les Républicains après l'échec de Laurent Wauquiez, elle n'est pas du genre à apprécier les positions caricaturales. Autonome donc, avec dans sa majorité régionale des centristes macronistes, elle combat résolument le chef de l'État, sans faiblesse, sans excès. Elle manque cependant de charisme et, de toute façon, Xavier Bertrand l'a nettement prise de vitesse. Il faudrait qu'il commette des erreurs pour qu'elle puisse refaire son retard. Ce n'est *a priori* pas une rivale trop redoutable, même si parfaitement honorable.

Rachida Dati non plus. L'ancienne garde des Sceaux dont l'appétit est proverbial a laissé percer son intérêt pour l'élection présidentielle dans une interview baroque au *Times* de Londres. C'est tout à fait son genre : surprendre, foncer, étonner, marquer. Elle est l'antithèse même de Valérie Pécresse. Comme Jean-Luc Mélenchon, elle adore le bruit et la fureur. Elle attaque inlassablement avec des mots qui claquent et des formules qui font mouche. Elle n'a peur de rien ni de personne. Elle a un culot monstre, un appétit gargantuesque. Elle a mené à Paris une campagne agressive, sommaire, efficace. Elle en ferait volontiers autant à l'échelle présidentielle, mais les sondages ne sont vraiment pas encourageants. Elle se rallierait sans états d'âme à Xavier Bertrand, elle le laisse déjà pressentir mais en échange d'assurances cadenassées. Elle est comme cela, conquérante, impétueuse, violente.

Rien à voir avec Bruno Retailleau. Le sénateur le mieux élu de France, président incontesté du groupe LR au palais du Luxembourg, est un homme méthodique, organisé qui avance pas à pas sur l'itinéraire qu'il s'est fixé. Cultivé, réfléchi, c'est un conservateur assumé. Héritier légitime de François Fillon dont il fut jusqu'au bout le bras droit loyal et efficace, il en recueille le micro-parti, ses adhérents et son trésor de guerre (légal). Avec son visage ascétique, sa mince silhouette, ses convictions catholiques affirmées, son autorité courtoise mais ferme, on l'imaginerait facilement en préfet des études d'un grand collège jésuite ou en écuyer hiératique du Cadre noir de Saumur, mais la politique est bien son autre religion. Son fief vendéen et, au-delà, son apanage des Pays de la Loire sont tenus d'une main ferme. C'est un opposant pugnace, précis, réactif, qui vise juste et tire bien, sans pitié, sans répit, sans vulgarité. Culturellement, il surplombe son camp, côté droit. Son principal handicap est sa faible notoriété malgré sa présence assidue aux émissions matinales des radios. Son traditionalisme vigoureux et son activité constante lui valent l'estime de ses pairs et la considération des militants, chez qui ses partisans sont nombreux. Mais au-delà il n'enflamme pas, ne galvanise pas, ne franchit pas encore le mur du son. Inébranlable dans ses convictions, le contraire même d'un opportuniste, il estime que les Républicains doivent avoir un candidat issu de leurs rangs s'ils ne comptent pas devenir un parti de second plan. C'est là son véritable pouvoir : s'il persiste, s'il arrache les primaires, il peut soustraire à Xavier Bertrand une fraction cruciale de l'électorat républicain sans laquelle une percée devient difficile. En cela, il détient un pouvoir de blocage qu'aucun autre ne possède. La crise du Covid et les tempêtes économiques et sociales qu'elle provoque ne facilitent pas la sortie du purgatoire d'un Laurent Wauquiez. Elle pousse les opportunistes comme l'ambitieux Guillaume Peltier, grand démagogue devant l'Éternel, numéro deux du parti, ou comme l'entreprenant Damien Abad, éloquent et très manœuvrier président du groupe LR à l'Assemblée nationale, vers le président des Hauts-de-France.

Celui-ci possède le profil même d'un challenger d'Emmanuel Macron. Hyperactif, ultra méthodique dans sa région des Hauts-de-France (qu'il lui faut impérativement conserver aux élections régionales pour être définitivement en course), il conjugue inlassablement initiatives sociales bien calibrées, sérieux gestionnaire chez lui et guerre à outrance à Paris contre le chef de l'État. Il n'est pas opposant à moitié ni opposant à temps partiel. Pour consolider sa notoriété et attirer son camp, il canonne l'Élysée à boulets rouges. Lui qui a été un ministre apprécié à la Santé et au Travail sous Jacques Chirac et Nicolas Sarkozy se déchaîne sans craindre la démagogie. Il frôle parfois, il frôle souvent le populisme, non pas qu'il ait les idées courtes mais parce qu'il a les dents longues. Sa rondeur apparente, son adresse évidente et, lorsqu'il veut plaire, son amabilité disparaissent alors sans regrets ni remords. Xavier Bertrand sait ce qu'il veut et tape dur. Il entend incarner la droite populaire, la droite sociale, comme jadis un Charles Pasqua, la verve en moins, la connaissance des dossiers en plus. Il ne craint pas la démagogie, elle peut d'ailleurs lui réussir s'il parvient à accréditer l'idée qu'il sort du peuple, qu'il est du peuple, qu'il aime le peuple, en contre-image délibérée des caricatures d'Emmanuel Macron. Mais atteindra-t-il la stature ; démontrera-t-il l'envergure que les Français attendent d'un président ? Saura-t-il acquérir la culture internationale et la dimension régalienne ? Il n'épargnera en tout cas aucun effort. Il croit en lui et il est prêt à tout pour faire partager cette confiance à la France entière. En fait, pour qu'il atteigne son but, pour devenir l'opposant le plus identifié et le plus pugnace, il faut qu'Emmanuel Macron trébuche et s'enlise dans sa gestion de la crise… sans toutefois s'effondrer. Car si la situation tournait en effet au chaos, tempête économique, tornade sociale, pandémie hors contrôle, alors c'est la figure de Nicolas Sarkozy, l'homme des crises, le chef de guerre, qui réapparaîtrait peut-être à droite, malgré ses ennuis judiciaires. Il en a largement l'envergure et la force. Il proclame qu'il a tourné la page de la politique. Mais si l'Histoire rugissait et tonnait ? Xavier Bertrand, lui, n'a pas l'allure d'un recours. En somme, un échec du chef de l'État favoriserait Xavier Bertrand, un désastre ressusciterait Nicolas Sarkozy.

Emmanuel Macron n'en est pas là, tant s'en faut. Sa situation est sans précédent. Ses prédécesseurs ont tous dû affronter des crises, sociétales, comme le général de Gaulle en mai 1968 ou Jacques Chirac avec les émeutes des banlieues en 2005 ; économiques, comme Valéry Giscard d'Estaing et Nicolas Sarkozy ; ou encore sécuritaire, avec les terribles vagues d'attentats qu'a connues François Hollande. La particularité d'Emmanuel Macron est que lui n'a exclusivement traversé que des crises successives, s'enchaînant sans désemparer : réforme du travail ou de la SNCF, affaire Benalla, Gilets jaunes, retraites et maintenant Covid-19 avec son terrible cortège économique et social. Quinze mois à l'avance, le paysage électoral apparaît d'ores et déjà planté. La campagne électorale se déroulera en pleine crise. Il est même possible que les braises ou les cendres du Covid perturbent et amputent la campagne elle-même, raréfiant ou clairsemant les meetings, interdisant le porte-à-porte, décourageant les distributions de tracts. Il peut se trouver que le Covid concentre la campagne dans les médias et sur les réseaux sociaux, une situation totalement inconnue.

Plus certainement encore, Emmanuel Macron s'identifiera à la crise, portera la crise, personnalisera la crise. C'est le Président de la crise qui affrontera ses adversaires, le chef d'une France plus présidentialisée que jamais. Emmanuel Macron incarne la réplique à la crise. Il a certes remplacé Édouard Philippe, valeureux associé à la gestion de la première vague, par Jean Castex, l'homme du déconfinement, confronté ensuite à la résurgence du virus. Le changement de Premier ministre se voulait le symbole du passage de la « guerre » contre le virus aux « jours heureux » du déconfinement. Finalement, il n'en est rien. Édouard Philippe avait combattu la première vague avec sobriété et sang-froid (même si la France était aussi peu prête que possible à ce combat), Jean Castex doit s'employer à combattre le regain du Covid puis maintenant à en préparer la sortie. Mais, politiquement, c'est Emmanuel Macron qui en porte le poids. C'est légitime, il est le Président. C'est logique, car c'est lui qui a pris les grandes décisions : le confinement, une initiative aussi hardie qu'inédite, nécessaire faute de mieux mais extrêmement risquée. C'est lui encore qui a décidé le déconfinement et c'est lui enfin qui a choisi d'imposer le couvre-feu et le reconfinement partiel, puis a desserré l'étreinte. Des décisions à chaque fois plus ou moins semblables à celles de la plupart de nos voisins, mais des décisions radicales aux effets majeurs. Emmanuel Macron a fait ses choix et les porte sur ses épaules à l'approche de l'élection présidentielle. Il en ira ainsi jusqu'au bout. En temps de crise, le Président opte et décide. Il est le responsable, et donc le vainqueur ou le coupable. C'est la présidentialisation jusqu'au bout. Le Président s'informe, décide et communique aux Français. Que Jean Castex, grand commis de l'État, actif, solide et jovial, ait succédé à Édouard Philippe, plus politique et plus autonome, plus homme d'État, renforce cette pente. Pour l'élection présidentielle, Emmanuel Macron sera le pilote de la quadruple crise (Covid, chômage, croissance, terrorisme). Bien plus que les campagnes de ses adversaires, c'est le regard que les Français portent sur le stratège de la crise qui comptera : Gamelin, Joffre ou Foch. L'aveugle, le rempart ou le vainqueur.

Le bilan des cinq ans pèsera lui aussi, mais dans une bien moindre mesure. En politique extérieure, Emmanuel Macron a été actif, entreprenant, influent, parfois brillant, rarement décevant. Sur le terrain électoral, peu importe. Les succès diplomatiques passent inaperçus, les engagements militaires bénéficient d'une sympathie distraite. Sur le plan intérieur, la mémoire est beaucoup plus présente et l'impact électoral, bien plus perceptible. Les Gilets jaunes ne voteront pas Macron, la plupart des syndiqués non plus. En revanche, les chefs d'entreprise, bien des cadres, une fraction des employés, un gros contingent de retraités auront un préjugé favorable. Contrairement à ce qui se passe aux élections présidentielles ordinaires, ces évaluations contradictoires ne constituent que le décor et la scène, pas l'action. Celle-ci dépendra avant tout de la perception de la gestion de la crise, et même de la perception de la gestion de la crise durant les six derniers mois précédant le scrutin. C'est la crise qui fera la différence, c'est la perception de l'action d'Emmanuel Macron, de ses décisions, de son efficacité, de ses succès ou de ses échecs qui tranchera. La crise restera jusqu'au bout le terrain majeur, l'évaluation des choix présidentiels décidera largement du scrutin. Plus encore : c'est la dynamique du dernier semestre qui déterminera l'épilogue, selon que la France s'enfoncera dans la crise ou aura le sentiment de s'y enfoncer sans fin ou bien qu'elle aura l'impression de commencer à en émerger. Il y aura le décor (le bilan des cinq ans), l'enjeu (la crise) et le verdict, la dynamique ressentie, enlisement ou convalescence.

La disposition des forces politiques au moment de la bataille finale jouera elle aussi, même si leur rôle sera moindre que d'habitude. Emmanuel Macron aura plus de chances de l'emporter si le duel final l'oppose à Marine Le Pen. En ce sens, une percée de Xavier Bertrand constitue son risque principal. C'est bien pourquoi Jean Castex, élu LR, ex-directeur de cabinet de Xavier Bertrand et secrétaire général adjoint de la présidence sous Nicolas Sarkozy, a été nommé Premier ministre. C'est aussi pourquoi Gérald Darmanin, ex-député du Nord, maire de Tourcoing, vice-président du conseil régional des Hauts-de-France, mais surtout proche de Xavier Bertrand, a été promu ministre de l'Intérieur. Il s'agit dans les deux cas de parler à l'électorat LR et de restreindre l'espace de Xavier Bertrand. Xavier Bertrand, voilà l'adversaire redouté, Marine Le Pen, voilà la rivale espérée… à condition qu'elle ne se situe pas trop haut. De même la division de la gauche, voire la compétition auprès de l'électorat populaire entre Jean-Luc Mélenchon et Marine Le Pen faciliterait les choses pour Emmanuel Macron… mais celui-ci n'est pas le maître du jeu des oppositions. Tout comme lui, elles dépendront d'ailleurs avant tout du jugement des Français sur la gestion et sur le bilan de la crise ; en cas d'échec flagrant ou d'embourbement désespérant, il reste certes la carte d'Édouard Philippe, désormais en réserve de la République, le seul qui puisse éventuellement se substituer à Emmanuel Macron dans des conditions extrêmes. Il en a l'envergure, l'expérience et la popularité. En aurait-il l'envie ? Il a en tout cas le sens du devoir. Si le bilan apparaît plus complexe, plus contradictoire, plus nuancé, *a fortiori* plus positif donc plus jouable pour le Président, l'appui du maire du Havre, cet homme d'État résolu et loyal, sera précieux, voire nécessaire à Emmanuel Macron. Celui-ci a bien l'intention de se battre pour un second mandat avec l'espoir de pouvoir tenter enfin cette « transformation de la France » qui est son Graal à lui. Ce ne sera en aucun cas facile. Ce ne peut être réalisable que si la dynamique de la crise s'oriente du bon côté et que son action personnelle est comprise. En tout cas, Jupiter ressemble surtout aujourd'hui à Ulysse, ligoté sur le pont de son bateau au milieu des éclairs et des flots convulsés, ne renonçant jamais à atteindre Ithaque et finissant par y réussir à force d'énergie, de courage et de ruse. À moins qu'il ne soit Sisyphe, roulant éternellement son rocher sur la pente, l'œil fixé vers le sommet hors d'atteinte.

Conclusion

Un intellectuel face aux orages

Durant les neuf mois pendant lesquels j'ai écrit ce livre, je n'ai cessé de me demander s'il valait mieux le titrer « Emmanuel le Hardi » ou « Emmanuel le Téméraire ». Tantôt je pensais à son audace unique lors de l'élection présidentielle de 2017, au rythme haletant de ses réformes, à ses vaillantes initiatives européennes, à sa fermeté bienvenue face à la Turquie d'Erdogan ou bien à son grand discours sur le séparatisme, et je penchais pour « Emmanuel le Hardi ». Tantôt je me remémorais le vain combat contre les Gilets jaunes, la bataille laborieuse des retraites, les formules intempestives lancées trop souvent à la cantonade, et les débuts chaotiques de la lutte contre le coronavirus. J'étais alors tenté par « Emmanuel le Téméraire ». En fait, les événements ont tranché. Les deux vagues du Covid ont balayé les nuances et les distances. Face à des décisions terribles, nécessaires, d'une soudaineté, d'une ampleur, d'une hétérodoxie absolues, Emmanuel le Hardi était contraint d'endosser les risques et les paris d'Emmanuel le Téméraire. Ce n'était pas ce qu'il souhaitait mais ce qu'il devait, ce que la quadruple crise – sanitaire, économique, sociale, puis terroriste – lui imposait. La France affrontait des drames inconnus, Emmanuel le Hardi était obligé d'employer les instruments et les méthodes d'Emmanuel le Téméraire. Il ne changeait pas de nature ou de conviction, il restait lui-même, courageux, audacieux, rapide, énergique, autoritaire, narcissique, imprudent, maladroit, un personnage certes atypique dans les cercles suprêmes du pouvoir. Le fleurettiste brillant et joueur devait se saisir soudain d'une masse d'armes brutale et sommaire.

Engageant la France face à la première vague du Covid à la télévision, devant 36 millions de téléspectateurs, un record, il s'était d'ailleurs exclamé que nous devions « nous réinventer, moi le premier ». S'il s'agissait de dire que les circonstances exigeaient des moyens et des choix d'une nature et d'une ampleur inconnues, sans doute. Face à tragédie, face à l'ouragan, les recettes ordinaires et les habitudes académiques étaient soufflées comme fétu de paille. Mais quant à se réinventer lui-même, bernique et fariboles. Emmanuel Macron n'a jamais été plus lui-même que depuis que le Covid change tout : un bonapartiste du XXIe siècle, un bonapartiste démocrate si l'on accepte cet oxymore, un bonapartiste intellectuel à coup sûr, comme converti par Benjamin Constant aux vertus d'un contrôle populaire. Un bonapartiste, car jamais sous la Ve République, *a fortiori* jamais sous les IIIe et IVe Républiques, le pouvoir n'aura été à ce point concentré entre les mains du chef de l'État, et d'un chef de l'État qui assume, prend la mesure des risques… et ne se sent pas déplacé là où il se trouve, au cœur des orages.

Il y a certes un parlement qui débat, qui grogne et qui vote, des élus locaux qui pèsent et maugréent, des syndicats qui protestent, des médias qui critiquent, des réseaux sociaux qui éructent, et surtout, heureusement, des Français qui se font leur propre religion. Notre pays n'est menacé ni de despotisme ni d'autocratie.

Un président qui déplaît est un président en sursis, Emmanuel Macron le sait bien. La Constitution lui offre cependant plus de pouvoir qu'à aucun autre chef d'État en démocratie. L'évolution des institutions au fil des années, le quinquennat en particulier, a encore accentué cette pente en lui garantissant une large majorité à l'Assemblée nationale. Les circonstances exceptionnelles actuelles portent cependant la concentration du pouvoir à un degré inédit : état d'urgence sanitaire, plusieurs fois renouvelé, ordonnances, législation sur le terrorisme durcie, surtout après l'horrible assassinat de Samuel Paty à Conflans-Sainte-Honorine, tout cela constitue un arsenal impressionnant jusqu'à l'inquiétant. Le Président détient en pratique les pleins pouvoirs et court donc le risque de déclencher une fronde ou une jacquerie. Le tempérament d'Emmanuel Macron fait le reste. Derrière son charme et sa séduction, derrière les sourires et le regard bleu pénétrant, l'autorité émerge et s'installe. Ministres, collaborateurs, interlocuteurs, tous la ressentent. Face au Covid, elle gagne encore en intensité et en visibilité. Tout remonte au palais de l'Élysée. Le Premier ministre Jean Castex ne manque pas d'énergie, sinon d'éloquence, mais c'est un chef d'état-major. Les membres du gouvernement qui comptent, ils sont peu nombreux, peuvent avoir du caractère et des compétences mais c'est Emmanuel Macron qui tranche. Symbole de cette autorité, les conseils de défense sanitaire, économique, écologique ou antiterroriste éclipsent les Conseils des ministres. C'est là que se prennent les décisions et les participants sont trois fois moins nombreux qu'autour de la table du gouvernement. Les débats sont secrets et les décisions sont présidentielles. On disait, à juste titre, Emmanuel Macron jusqu'ici plus discret en matière régalienne (sécurité, islamisme, laïcité, immigration) qu'ailleurs, mais il refait son retard à grandes enjambées. Le séducteur s'est mué en combattant, un chef d'État consulaire surgit de l'intellectuel. À vrai dire, l'un se pressentait déjà derrière l'autre. Aujourd'hui, il s'affiche. À ses risques et périls.

Un cliché bien ancré présente les intellectuels en général, *a fortiori* les intellectuels entrés en politique, comme des personnages bien doués, clairvoyants, attractifs mais mal à l'aise au pied des décisions, inaptes à trancher. Balivernes : le général de Gaulle était un intellectuel qui avait choisi la carrière des armes par patriotisme et par pressentiment de son destin, mais c'était un authentique intellectuel qui s'était fait connaître au départ par des livres plus que par des victoires, qui a vécu toute sa vie dans la familiarité des grands textes, s'acharnant lui-même la plume à la main, inlassablement, savourant ses triomphes d'écrivain. Qui peut nier ses aptitudes à prendre les décisions les plus difficiles et les plus osées ? Même chose pour Churchill, Prix Nobel de littérature, pour Disraeli, celui auquel Emmanuel Macron ressemble le plus – de très loin –, pour Guizot, ou encore, plus près de nous, pour Raymond Barre, Édouard Balladur ou Lionel Jospin.

Le jeune président s'inscrit, toutes proportions gardées, cela va de soi, dans ce sillage-là. Il n'est ni un doctrinaire ni un idéologue mais il vit dans un univers où les livres sont rois, où l'actualité est soudée à l'Histoire, où la culture imprègne l'action comme la vie quotidienne. Pour autant, décider ne l'intimide pas, commander lui sied, prendre des risques ne le paralyse pas, il en abuse plus qu'il en use. C'est un intellectuel qui tranche. Bonapartiste et intellectuel. Intellectuel et autoritaire. Face aux orages, prenant ses résolutions, bonnes ou mauvaises, sachant qu'à l'arrivée les

Français lui présenteront l'addition et que celle-ci peut être implacable.

Car naturellement l'envers de ce pouvoir si personnalisé, si concentré, si assumé, c'est la sanction populaire. Au bout du parcours, elle peut être positive ou négative, mais jamais complaisante. Le face-à-face entre Emmanuel Macron et les Français était installé dès le départ, compte tenu des circonstances si particulières, presque romanesques, de sa victoire en 2017. Sa personnalité y a injecté une dose inhabituelle de passion, les Gilets jaunes ont durci la confrontation, le Covid et les attentats l'ont dramatisée. Dans l'affaire, les oppositions politiques sont plus spectatrices qu'actrices, tout juste peuvent-elles asperger quotidiennement les plaies de sel. La période, si oppressante et cruelle, favorise d'ailleurs plus les oppositions populistes que les partis de gouvernement. Elles portent aux passions plus qu'aux raisons. La personnalisation du pouvoir va dans le même sens. L'élection présidentielle de 2022 sera, s'il se qualifie pour le second tour, avant tout un face-à-face entre Emmanuel Macron et les passions françaises. Celles-ci sont contradictoires : défiance enracinée vis-à-vis du pouvoir, critiques multiples du chef de l'État sortant, estime pour son énergie et son courage, irritation semée par son style, par ses impairs, par ses échecs, mais scepticisme (jusqu'ici) à propos de ses probables concurrents. En fait, tout se jouera les derniers mois sur la peur : elle peut se transformer en rage contre le pouvoir ou en prudence redoublée face à l'inconnu.

On ne l'a pas assez remarqué : depuis 1958, aucun président n'a été réélu, sauf après avoir subi une cohabitation. Le Général a démissionné, Georges Pompidou a perdu la vie avant la fin de son mandat, Valéry Giscard d'Estaing a été vaincu, Nicolas Sarkozy aussi, et François Hollande n'a pas pu se représenter. Seuls François Mitterrand et Jacques Chirac ont arraché un second mandat à l'issue de cohabitations vexatoires. Comme s'il fallait souffrir et endurer avant d'être pardonné. Emmanuel Macron fera-t-il exception, créera-t-il un précédent ? Ce quinquennat bousculé et meurtri par tant de crises, de convulsions et de souffrances se succédant comme dans une tragédie grecque, sera-t-il considéré par les Français comme une expiation anticipée, suffisante pour une absolution ?

Table

DU MÊME AUTEUR

Histoire du Parti communiste français de 1920 à 1976
(avec Jacques Fauvet)
Fayard, 1977

La République giscardienne
Anatomie politique de la France
Grasset, 1980

La République de Monsieur Mitterrand
Grasset, 1982

Les Prétendants
Gallimard, 1983
et « Folio Actuel », n° 1

Le Complexe d'Astérix
Essai sur le caractère politique des Français
Gallimard, 1984

Le Ve Président
Gallimard, 1987
et « Folio Actuel », n° 12

Les Habits neufs de la politique
Flammarion, 1989
et « Folio Actuel », n° 18

De Gaulle, Mitterrand
La Marque et la Trace
Flammarion, 1991

Les Peurs françaises
Flammarion, 1993
et « Folio Actuel », n° 39

La Politique imaginaire
Les Mythes politiques français
Flammarion, 1995
et « Folio Actuel », n° 46

François Mitterrand
Portrait d'un artiste
Flammarion, 1997

Une ambition française
Plon, 1999

Derrière le miroir
Plon, 2001

Le Désarroi français
Plon, 2003

Le Temps de répondre
Entretiens
(avec Lionel Jospin)
Stock, 2002

Les Prétendants 2007
Plon, 2006

La Marche consulaire
Plon, 2009

Cartes sur table
Entretiens avec Renaud Revel
(avec Patrice Duhamel)
Plon, 2010

Portraits souvenir
50 ans de vie politique
Plon, 2012
et « Tempus », n° 503

Une histoire personnelle de la Ve République
Plon, 2014
et « Points », n° P4124

Les Pathologies politiques françaises
Plon, 2016

Journal d'un observateur
Éditions de l'Observatoire, 2018

RÉALISATION : NORD COMPO À VILLENEUVE-D'ASCQ
IMPRESSION : CPI FRANCE
DÉPÔT LÉGAL : MARS 2022. N° 148821 (3046630)
IMPRIMÉ EN FRANCE